EIN JAHR IM GARTEN

Die Hände in der Erde und das Herz im Himmel

Ilga Eger

Ohne meinen Freund **Wolfgang Kremer** würde es dieses Buch **nicht geben.**

Ich habe auf **Dich** gewartet und jetzt ist **alles** da.

Wenn ich an meine Kindheit zurückdenke, dann erinnere ich mich vor allem an die Zeit mit meinen Großeltern. Die Wochenenden und die Ferien verbrachten mein Bruder und ich in ihrem Haus in einem winzig kleinen Dorf. Das Haus war klein, alt und ohne Komfort. Der Stall lag im Haus direkt neben der Küche. Obwohl verwaist, roch er nach den ehemaligen Bewohnern. Das Bad lag hinter der Waschküche und man musste das Wasser mit einem Ofen heiß machen. Nach drei Stunden Vorlaufzeit hatte man dann aber das heißeste Bad, das man sich vorstellen konnte.

Überhaupt habe ich damals die Temperaturen immer sehr extrem empfunden. Warm war immer sehr warm und kalt immer eisig. Im Winter heizte man nur die Stube und die Küche. Die Schlafkammern waren Eisschränke und Schlaf finden konnte man nur wegen der Wärmflaschen, die uns meine Oma ins Bett legte. Die Sommer waren heiß und beschaulich. Das Haus stand mit sieben anderen an einer Straße und alle hatten eine Bank vor der Tür. Dort saß man stundenlang und sah den Hühnern zu, die unermüdlich pickten und scharrten.

Die Sonne war so stark, dass sie alle Aktivität erdrückte, um absolute Gelassenheit zu erzwingen. Dieses Gefühl verbinde ich am meisten mit meiner Kindheit.

Gelassenheit.

Früh morgens und später am Abend ging ich mit meiner Oma in den Garten und auch seine Schönheit sitzt tief in meiner Erinnerung. All die flirrenden Farben, die vielen Wunder der Natur, das Wachsen und Gedeihen, bei dem man zusehen konnte.

Viele Jahre später, nachdem ich suchend um die ganze Welt gereist war, schenkte mir mein Freund einen Garten. Ganz genau erinnere ich mich an das Gefühl von tiefer Befriedigung, als ich das erste Mal nach all der Zeit wieder in der Erde wühlte. Ein Garten macht glücklich.

Wie Goethe schrieb: „Ich habe die Lust zu reisen gegen einen Rosenstrauch eingetauscht."

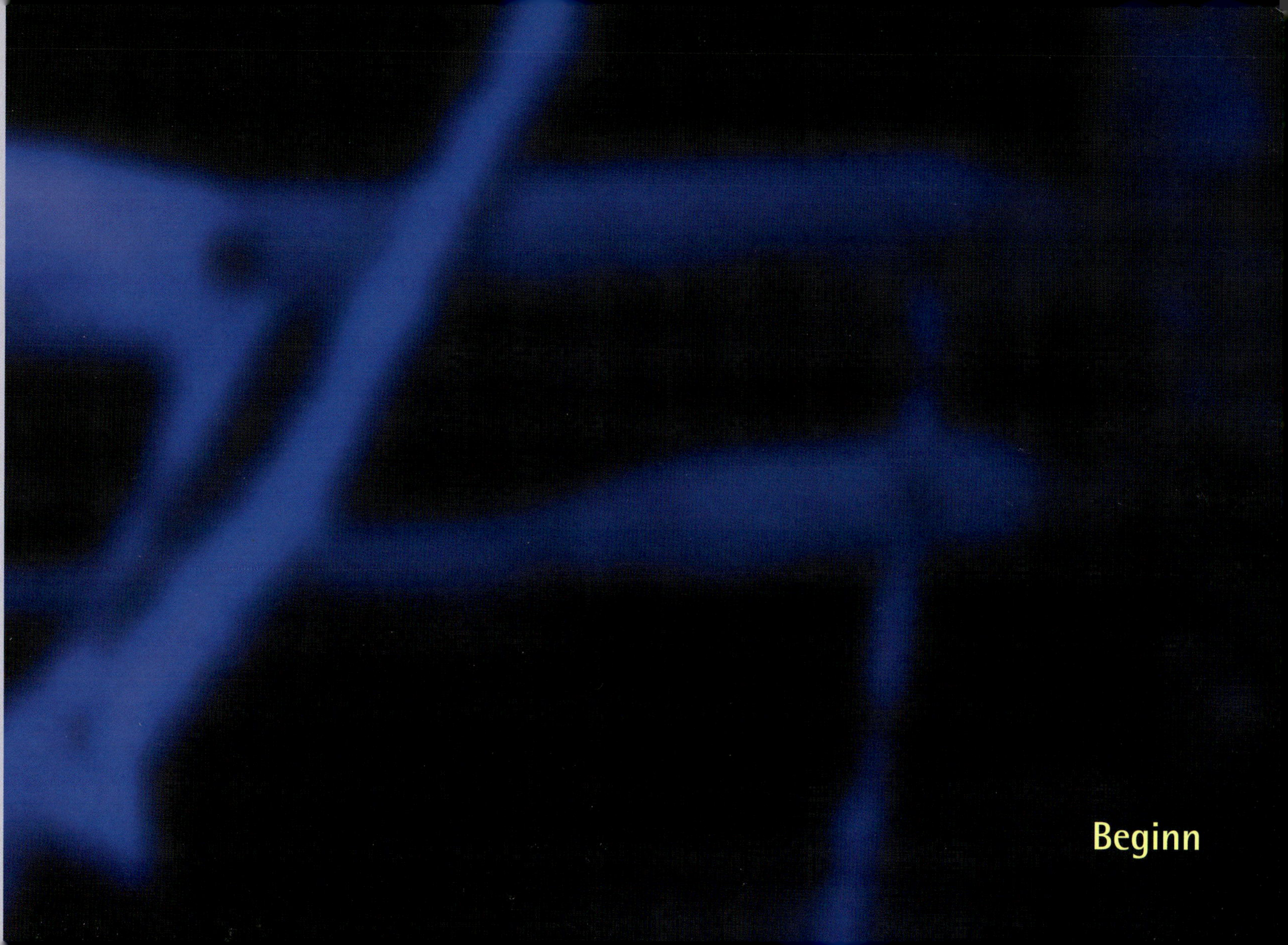

Beginn

Das Leben **beginnt** an dem Tag, an dem man einen **Garten** anlegt.

Chinesisches Sprichwort

Jedes Jahr ist anders. Mal gibt es ein warmes Frühjahr und einen regnerischen Sommer, mal schneit es noch im Mai. Es gibt die sieben fetten Jahre und die sieben mageren Jahre und es gibt die sieben biblischen Plagen. Gegen das Wetter kann man nichts machen. Ein einziger Hagelschauer vernichtet eine ganze Ernte in weniger als 15 Minuten. Das Jahr, in dem dieses Buch entstand, war ganz durchschnittlich. Nicht zu heiß, nicht zu kalt, nicht zu feucht. Das erste Photo entstand am 22. Dezember, also einen Tag nach der Wintersonnwende. Der erste Tag im Jahr, an dem die Sonne wieder zunimmt.

Willst du für einen Tag **glücklich** sein, **betrink dich.** Willst du für drei Tage glücklich sein, **heirate.** Willst du aber für den **Rest deines Lebens** glücklich sein, werde **Gärtner**.

Chinesisches Sprichwort

Früher waren die Menschen sehr eng in den Jahreskreislauf eingebunden. Meine Oma kannte jede Bauernregel. Schließlich war es überlebensnotwendig, das Wetter genau zu beobachten. Neben den Merktagen zur Wettervorhersage gibt es auch noch Jahreskreisfeste. Sie richten sich nach dem Stand der Sonne oder des Mondes. Diese Feste thematisieren die Abläufe der Natur: Wachsen, zur Blüte kommen und vergehen. Ein immer währender Kreislauf von Geburt, Leben und Tod. Jedes Jahr ein neuer Jahresring.

Der Jahreslauf

21. Dezember – Wintersonnwende

Jetzt werden die Tage wieder länger. Nach der Wintersonnwende beginnen die 13 heiligen Nächte. Die erste ist die Mutternacht am 24. Dezember. Am 13. Tag, dem 6. Januar, gibt es den uralten Brauch, dass man mit weißer Kreide „20 K + M + B Jahreszahl" über den Türrahmen schreibt. In der katholischen Tradition stehen die drei Buchstaben für Kaspar, Melchior und Balthasar. Der Brauch geht aber bis in die Pestzeit zurück. Dort standen die Buchstaben für die drei Heilerinnen Katharina, Margarete, Barbara und diese drei Namen symbolisierten Erde, Sonne und Mond.

2. Februar – Lichtmess

Bauernregel: Ist's an Lichtmess hell und rein, wird's ein langer Winter sein. Dieser Tag war früher arbeitsfrei und es war auch der Tag, an dem die Dienstboten eingestellt oder entlassen wurden. In der Kirche wurden die Kerzen für das Jahr geweiht und dann gab es eine Lichterprozession. Im Bergischen Land, wo wir leben, wird am Zaunpfosten ein Strohbüschel befestigt.

21. März – Frühjahrs-Tag- und Nachtgleiche

Dieser Tag markiert auch heute noch den Frühlingsanfang. Tag und Nacht sind gleich lang. Ab jetzt setzt sich das Licht durch. Die Natur beginnt mit einem neuen Zyklus. Von diesem Tag bis zum ersten Vollmond wurde ein Fest des Neuanfangs gefeiert.

30. April – Walpurgisnacht

Die Nacht zum 1. Mai ist im Idealfall eine der ersten lauen Sommernächte. Der Austrieb der Bäume erreicht seinen frischen Höhepunkt. Traditionell tanzt man in dieser Nacht in den Mai. Die Nacht zum 1. Mai nennt man auch Walpurgisnacht. Dann tanzen die bösen Hexen auf dem Blocksberg bis der Teufel kommt, so sagt man.

12.–15. Mai – Die Eisheiligen

Pankratius, Servatius, Bonifatius und zuletzt die kalte Sophie: Das sind die kalten Gesellen. Gemeint ist der letzte mögliche Nachtfrost um Mitte Mai. Danach ändern sich die großen Strömungen über dem Atlantik. Erst nach den Eisheiligen kann man empfindliche Pflanzen wie Tomaten oder Sonnenblumen auspflanzen. Durch den Klimawechsel ist es aber oft erst ab dem 20. Mai so richtig gefahrlos. Deshalb deckt man empfindliche Pflanzen sicherheitshalber nachts auch weiterhin mit Folie oder Einmachgläsern ab.

Der Jahreslauf

Um den 11. Juni – Schafskälte

Gemeint sind kühle, wechselhafte und oft auch regenreiche Tage, die sich nach einer ersten sommerlich warmen Witterungsperiode Ende Mai bis Mitte Juni einstellen. Da die Schafe dann schon geschoren sind, müssen sie frieren.

21. Juni – Sommersonnwende

In der kürzesten Nacht des Jahres, der Zeit des höchsten Stands der Sonne, feiert man die Sommersonnwende. Die Johannisnacht ist die christliche Antwort auf die heidnische Mittsommernacht. Sie wird erst am 24. Juni gefeiert. Man begrüßt mit einem Feuer den Sommer und feiert gleichzeitig die Geburt von Johannes dem Täufer. Ein Sprung über das Feuer soll reinigende Wirkung haben und vor Krankheiten schützen.

27. Juni – Siebenschläfer

Bauernregel: Wie`s Wetter am Siebenschläfertag, so bleibt es sieben Wochen danach.

15. August – Mariä Himmelfahrt

Die Legende sagt, dass die Jünger, die das Grab Marias öffneten, dort anstelle ihres Leichnams nur noch Kräuter und Blumen fanden. In vielen katholischen Gemeinden gab es früher an diesem Tag eine Kräuterweihe. Mit Mariä Himmelfahrt beginnen die Feiertage zur Verehrung Marias, die am 12. September mit Mariä Namen enden. Allen Pflanzen, die in diesem Zeitraum blühen wird eine große Heilkraft zugeschrieben.

23. Juli–24. August – Die Hundstage

Bauernregel: Sind die Hundstage voll Sonnenschein, wird das Jahr recht fruchtbar sein. In dieser Zeit liegt in der Regel ein sehr stabiles Hochdruckgebiet über Mitteleuropa. Sie ist oft die heißeste Zeit im Jahr. Heiße Hundstage prophezeien aber auch einen kalten Winter.

1. August – Schnitterfest

Das Schnitterfest markiert den Höhepunkt des Wachstums.

Jetzt steht das Korn in voller Reife. Es wird gedroschen, gemahlen und gebacken. Es ist die Zeit der Transformation. Die schwere Arbeit über lange Zeit hat viele Dinge zum Reifen gebracht. Jetzt erntet man den Lohn. Gleichzeitig weiß man aber auch um die abnehmende Kraft der Sonne.

23. September – Herbst-Tag- und Nachtgleiche

Die Ausgeglichenheit von Tag und Nacht ist gleichzeitig das Erntedankfest, das vom 20.–27. September gefeiert wird. Man hält die Früchte des vergangenen Jahres in den Händen. Doch ab jetzt überwiegt die Dunkelheit das Tageslicht. Der Winter kommt.

1. November – Das Totenfest

Jetzt beginnen die dunklen Wochen des Jahres. Der November ist der Sterbemonat der Natur. Die Lebenskraft zieht sich bei zunehmender Kälte ins Innerste zurück. Alles vergeht bis auf den neuen Samen, der den neuen Kreislauf in sich birgt. In der Katholischen Tradition wird am 1. November der Toten gedacht.

Für meine Großmutter war ihr Garten kein Hobby. Er war Teil einer Überlebensstrategie. Sie konnte einfach alles verwerten. Jeden Herbst machten wir Fässer voller Most und zentnerweise Kartoffeln mussten von Hand gesammelt und eingelagert werden.

In dieser Zeit gab es noch keine Kiwis aus Neuseeland oder Mangos aus Thailand. Man aß Rote Beete und Saubohnen und ganz, ganz viel Sauerkraut.

Die ayuverdischen Ärzte sagen, dass der Mensch möglichst regionale Produkte essen soll. Denn die ortsfremden Produkte übertragen den Stress der Reise auf den Körper.

Und eine indische Weisheit sagt: „Meditiere zuerst über Dein Essen."

Wir sagen: „Du bist, was Du isst."

Ich liebe das Gemüsebeet. Es ist im Frühling wie eine leere Leinwand. Man entwirft sein Bild für das kommende Jahr, und dann verändert sich das Gemälde von Woche zu Woche. Die Dimension des Wachsens ist enorm: Aus einem winzigen Samenkorn erntet man nach ein paar Monaten ein paar Kilo Tomaten.

Eigene Tomaten schmecken am besten, wenn man sie frisch vom Strauch weg isst. Wenn man sie von der Rispe löst, dann verströmen sie schon ihren betörenden Geruch. Die ganze Tomate ist noch warm und wenn man rein beißt, ist es so, als ob man konzentrierte Sonnenenergie zu sich nimmt.

Ich habe diese Tomatenpflanze schon gekannt, als sie nur ein winziges Korn war. Ich habe gesehen, wie sie ihr Köpfchen durch die Erde gebohrt hat, wie sie empört ihre Haare aufgestellt hat, als ich sie zum ersten Mal ins Freie gestellt habe. Ich habe sie mit Folie ein paar Wochen lang vor der rauen Wirklichkeit beschützt, ihr ein schönes Mistbeet gegraben und ihr einen Regenschutz gebaut. Trotzdem: Ohne die Sonne wären meine ganzen Bemühungen nutzlos. „In der Natur wird der Mensch bescheiden“, sagte meine Großmutter immer.

Das Gemüsebeet

Das Gemüsebeet anlegen

Als Standort wählt man einen möglichst sonnigen Platz. Wenn man ein Stück Wiese in einen Gemüsegarten umwandeln will, muss man den Boden einmal umgraben.

So geht's: Die Erde der ersten Bahn wirft man in eine Schubkarre. Mit der Gabel lockert man den Boden in der Tiefe und füllt den Graben dann mit Pferde- oder Kuhmist. Mit der Erde der zweiten Bahn schüttet man ihn wieder zu. So gräbt man das ganze Beet nacheinander um. Die letzte Bahn füllt man mit der Erde aus der Schubkarre. Wenn man fertig ist, darf man das Beet nur noch auf den Wegen betreten, damit die gelockerten Erdschichten nicht wieder platt gedrückt werden.

Bei einem so vorbereiteten Beet können die Wurzeln der Pflanzen tief in die Erde dringen. So kann man die Pflanzen viel dichter setzen als in einem Beet ohne Tiefenlockerung und erreicht trotzdem sehr gute Erträge. Weiterer Vorteil: Im Sommer muss man nur während wirklich langer Trockenperioden gießen, denn die tieferen Schichten der Erde trocknen viel langsamer aus.

Das Gemüsebeet im Frühjahr vorbereiten

Jedes Frühjahr wird das Beet flach bearbeitet. Man kann Stallmist einarbeiten oder anschließend eine Lage Kompost auflegen. Man sollte damit erst beginnen, wenn der Boden genügend abgetrocknet ist, denn sonst entstehen zu große Schollen. Dann wird der Boden fein und eben gerecht.

Säen und pflanzen

Beizen

Meine Großmutter hat, um die Keimfähigkeit zu verbessern und um Krankheiten vorzubeugen, ihr Saatgut gebeizt. Darunter versteht man, dass die Samen in unterschiedliche Lösungen gelegt werden, bevor man sie in die Erde steckt.

Gurken, Kürbis, Melone und Zucchini lässt man 24 Stunden in Milch quellen. Die unbrauchbaren Samen schwimmen oben und werden aussortiert. Wichtig ist, dass die Samen gleich nach dem Beizen eingepflanzt werden.

Bohnen weicht man über Nacht in Milch ein. Das hilft gegen die Bohnenblattlaus. Mit einem zweistündigen Bad in Wermuttee schützt man Erbsen vor Vogelfraß.

Wurzelschnitt

Bei gekauften, ballenlosen Blumen- und Gemüsesetzlingen schneidet man vor dem Pflanzen die Wurzeln. Dadurch wird das Wurzelwachstum angeregt.

Aussaat-Zeiten

Die günstigsten Saattermine sind je nach Pflanzenart sehr verschieden. Die warme Vorkultur im Haus beginnt ab Februar bis April. Ins Freiland sät man, je nach Witterung und Klima, von März bis Mai. Spätere Kulturen werden von Juni bis September gesät.

Alle Samen brauchen eine bestimmte Mindesttemperatur, um zu keimen. Ist es zu kalt, gehen die Samen nicht auf und die Gefahr ist groß, dass sie gefressen werden.

Einige Pflanzen sind für die frühe oder späte Ernte gezüchtet. Werden die Saattermine nicht eingehalten, werden sie krank oder fangen an zu blühen.

Dann gibt es noch Licht- und Dunkelkeimer. Lichtkeimer wie Margerite, Fingerhut, Fleißiges Lieschen oder Sonnenhut dürfen nicht mit Erde bedeckt werden. Dunkelkeimer wie Christrosen, Lupinen und Rittersporn müssen immer abgedeckt werden.

Der Gemüsegarten-Kalender

<table>
<tr><th></th><th>Januar</th><th>Februar</th><th>März</th><th>April</th><th>Mai</th><th>Juni</th><th>Juli</th><th>August</th><th>September</th><th>Oktober</th><th>November</th><th>Dezember</th></tr>
<tr><td>Buschbohnen</td><td></td><td></td><td></td><td></td><td colspan="2">säen</td><td colspan="3">ernten</td><td></td><td></td><td></td></tr>
<tr><td>Erbsen</td><td></td><td></td><td colspan="2">säen</td><td></td><td colspan="4">ernten</td><td></td><td></td><td></td></tr>
<tr><td>Kartoffeln</td><td></td><td></td><td colspan="3">pflanzen</td><td colspan="5">ernten</td><td></td><td></td></tr>
<tr><td>Kürbisse</td><td></td><td></td><td></td><td colspan="2">geschützt säen</td><td>säen</td><td></td><td colspan="3">ernten</td><td></td><td></td></tr>
<tr><td>Möhren</td><td></td><td></td><td colspan="4">säen</td><td></td><td colspan="4">ernten</td><td></td></tr>
<tr><td>Rosenkohl</td><td colspan="2">ernten</td><td></td><td>säen</td><td colspan="3">auspflanzen</td><td></td><td></td><td colspan="3">ernten</td></tr>
<tr><td>Salate</td><td colspan="12">ganzjährig säen und ernten – im Winter geschützt</td></tr>
<tr><td>Spinat</td><td></td><td></td><td colspan="3">säen</td><td colspan="2">ernten</td><td colspan="2">säen</td><td colspan="2">ernten</td><td></td></tr>
<tr><td>Sommerkohl</td><td colspan="2">geschützt säen</td><td colspan="2">säen</td><td></td><td></td><td colspan="3">ernten</td><td></td><td></td><td></td></tr>
<tr><td>Stangenbohnen</td><td></td><td></td><td></td><td></td><td colspan="2">säen</td><td colspan="3">ernten</td><td></td><td></td><td></td></tr>
<tr><td>Tomaten</td><td></td><td colspan="3">geschützt säen</td><td colspan="2">auspflanzen</td><td></td><td colspan="3">ernten</td><td></td><td></td></tr>
<tr><td>Zwiebeln</td><td></td><td></td><td colspan="2">Zwiebeln stecken</td><td></td><td></td><td></td><td></td><td colspan="2">ernten</td><td></td><td></td></tr>
</table>

Säen und pflanzen

Vorziehen im Haus

Tomaten, Gurken, Salat, Zucchini, Kohl, Kürbisse, Sellerie zieht man ab Februar im Haus vor, denn sie brauchen mehr Wärme, als unser Land zu bieten hat. Sie sind dann schon starke Pflänzchen, wenn man sie ab Mai auspflanzt. Wichtig: sandige Erdmischung, gleichmäßige Feuchtigkeit, Wärme, Licht und gute Lüftung. Nicht zu dicht säen. Die kleinen Pflanzen rechtzeitig in Einzeltöpfe umsetzen, damit sie kräftig wachsen und nicht schießen.

Abhärten

Bis jetzt wurden die Jungpflanzen in der warmen Kinderstube verwöhnt. Damit sie keinen Kälteschock erleiden, muss man sie langsam an die raue Wirklichkeit gewöhnen. Am besten stellt man ein paar Tage lang die Saatschalen tagsüber auf die Terrasse oder geschützt an die Hauswand. Ausgepflanzt wird dann an einem trüben Tag, damit die Pflanzen keinen Sonnenbrand bekommen.

Kaltes Frühbeet

Ein Frühbeet eignet sich zur Aussaat und Anzucht von Setzlingen, die erst nach den Eisheiligen ins Freiland kommen. Man wählt eine sonnige und geschützte Lage. Die Rückwand zeigt nach Norden und muss etwas höher sein als die Vorderwand, damit das Wasser abläuft und die Sonne maximal ausgenutzt wird. Das Frühbeet füllt man mit besonders guter Erde. Im zeitigen Frühjahr braucht das Frühbeet zusätzlichen Schutz vor strengen Nachfrösten. Isoliert wird mit einem Wall aus Laub und Stroh oder einer Schilfmatte. Gelüftet wird nur bei frostfreiem Wetter, damit die Pflanzen keinen Zug bekommen. Bei starker Sonneneinstrahlung muss man für Schatten sorgen. Außerdem sollte man nur vorsichtig gießen. An kalten Tagen nur in den späten Vormittagsstunden wässern, damit die Pflanzen abends wieder trocken sind. Im Sommer ist dann Platz im Frühbeet für Wärme liebende Pflanzen wie Gurken oder Basilikum. Im Herbst dient es als Lagerstätte für Kartoffeln oder zum schneefreien Überwintern von robustem Salat.

Säen und pflanzen

Säen ins Freiland

Viele Pflanzen brauchen für ihr Wachstum einen richtig warmen Boden. Mit dem Säen ins Freiland sollte man nicht zu ungeduldig sein. Oft kommen nach ein paar schönen Tagen noch einmal Wintereinbrüche mit Eis und Schnee. So geht's: Warmen Tag abwarten, dass die Erde sich aufheizen kann. Beete gut lockern, von Unkraut befreien und mit Kompost versorgen. Oberfläche fein krümelig rechen. Reihen ziehen, Samen nicht zu dicht streuen. Dann dünn mit Erde übersieben, leicht andrücken, vorsichtig gießen. Bohnen und Erbsen legt man etwas tiefer, damit Vögel sie nicht rausziehen. Alle Saatbeete gleichmäßig feucht halten.

Aussäen mit Folie

Sehr frühes Gemüse kann bereits ab etwa Anfang/Mitte März unter Folienschutz ausgesät werden: frühe Möhren, Mangold, Pflücksalat, Rettich, Radieschen und Spinat. So geht's: Zum Erwärmen der Erde wird sie zwei Wochen lang mit Folie bedeckt. Dann sät man, wässert das Beet und deckt es wieder mit der Folie ab. Wenn die Saat aufgegangen ist, kann man die Folie tagsüber abnehmen. So werden die Pflanzen zwei Wochen lang abgehärtet, bevor man die Folie ganz abnimmt.

Pikieren

Beim Pikieren oder Vereinzeln werden die jungen Sämlinge von dort, wo sie gekeimt haben, in Beete oder Töpfe umgesetzt. Damit wird verhindert, dass sie zu dicht stehen. Man beginnt damit, sobald die jungen Pflänzchen gut zu fassen sind. Mit einem Pikierstab werden am neuen Standort Löcher gebohrt. In diese setzt man die Sämlinge möglichst senkrecht ein. Danach drückt man die Erde an und wässert vorsichtig. Die ersten Tage sollte man sie nicht zu starker Sonne aussetzen.

Auspflanzen

Wie beim Säen, kommt es auch hier auf den richtigen Zeitpunkt an. Man sollte die im Haus vorgezogenen Pflanzen auf keinen Fall ohne Schutz aussetzen, wenn noch starker Frost droht oder langer Regen angesagt ist. Wenn es zu feucht ist, gibt es auch viele Schnecken und für die sind die zarten jungen Pflänzchen köstliche Delikatessen. Günstig ist das Ende einer Regenperiode, wenn daraufhin gutes Wetter angesagt ist. Dann ist der Boden tiefgründig durchfeuchtet. Man kann die Neulinge richtig mit dem Boden verschmelzen, und die Schnecken sind weniger aktiv. Falls es tagsüber sehr schön ist, aber nachts kalt, deckt man die Pflanzen in der Nacht mit Gläsern oder Kisten ab.

Kopfdüngen beim Auspflanzen

Pflanzen können beim Umpflanzen einen Schock erleiden. Deshalb bekommen sie von mir eine Starthilfe: Ich verwöhne sie mit einer Extraportion Nährstoffen und gieße sie mit Brennnesseljauche. Wer Hühner hat, kann auch deren Mist in eine Wanne mit Wasser geben und zwei bis drei Tage ziehen lassen.

Von Erde bist du gekommen, zu Erde

wirst du wieder werden.

Bibel

Der Garten meiner Großmutter war ein ganz

schönes Durcheinander.

Blumen und Gemüse: Alles wuchs kunterbunt.

Es wirkte überhaupt nicht ordentlich und doch

war alles wohl überlegt angeordnet.

Die Mischkultur

Bereits vor Generationen fand man heraus, dass Pflanzen sich gegenseitig gut tun oder einander im Wachstum behindern. Gute Nachbarn halten Schädlinge fern oder verbessern den Ertrag und die Qualität der Ernte. Manche Pflanzen wachsen sogar so stark zusammen, dass ihre Wurzeln nicht mehr getrennt werden können. Ein so angelegter Garten nähert sich den natürlichen Bedingungen einer Wiese an. Die Mischkultur hat noch einen Vorteil: Durch die enge Bepflanzung wird der Boden beschattet und trocknet im Sommer viel weniger aus.

Die Grundregeln der Mischkultur:

- Keine Pflanzen nebeneinander setzen, die die gleichen Schädlinge anziehen.
- Pflanzen nebeneinander setzen, die sich gegenseitig fördern.
- Man setzt eine Pflanze, die einen Schädling abwehrt neben eine, die den selben Schädling anzieht.

- Man fördert Nützlinge im Beet (Käfer, Vögel), die Schädlinge eindämmen.

Man kann die Pflanzen in den Beeten als Nachbarn ansiedeln oder sie in einzelnen Reihen nebeneinander setzen. Eine Mischkultur in der einzelnen Reihe ist auch möglich.

Erprobte Nachbarn für die Mischkultur

- Möhren vertreiben die Zwiebelfliege und Zwiebeln wehren die Möhrenfliege ab. So sind die beiden Gemüsearten traditionell ein gutes Paar im Gemüsebeet.

- Der rote Fingerhut ist zwar giftig, doch in seiner Nachbarschaft gedeihen Tomaten, Kartoffeln und Äpfel prächtig.

- Dill fördert die Keimfähigkeit der Samen von Gurken, Kohl, Möhren, Salat und Zwiebeln. In seiner Nähe bleiben Gurken, Kohl, Möhren und Tomaten gesund. Dill hält vom Kohl den Kohlweißling, von Möhren die Möhrenfliege und von Zwiebeln die Zwiebelfliege fern.

- Die Kapuzinerkresse vertreibt Blattläuse, Ameisen, Schnecken und Raupen.

- Die Ringelblume vertreibt Wurzelnematoden. Diese kleinen Würmer schädigen die Wurzeln der Gemüsepflanzen. Die Ringelblume lockt viele Nutzinsekten an und macht die Erde schön krümelig.

- Bohnenkraut vertreibt Blattläuse, insbesondere die schwarze Bohnenlaus. Es ist ein idealer Partner für Bohnen, Gurken, Salat und Zwiebeln.

- Tomaten vertreiben Kohlweißlinge, deren Raupen sich gerne in den Kohl fressen.

- Tagetes, auch Studentenblume genannt, bringt Farbe ins Beet und hält zudem Mäuse, Weiße Fliegen und Kohlschädlinge fern. Tagetes ist besonders geeignet zwischen Bohnen, Gurken, Kartoffeln, Kohl, Möhren, Narzissen, Petersilie, Phlox und Tomaten. Auf Rosen wirkt die Studentenblume wachstumsfördernd.

Der Wechselanbau

Im Vier-Jahresrhythmus wechselt man im Gemüsebeet den Standort der Pflanzen, damit der Boden nicht ausgelaugt wird. Keine Pflanze, auch nicht eine aus der gleichen Pflanzenfamilie, sollte zweimal hintereinander an der gleichen Stelle stehen, denn es sollen sich keine Schädlinge oder Krankheiten im Boden festsetzen. Das betrifft insbesondere die Kartoffel-Älchen und die Kohlpflanzen, die von Hernie befallen werden können. Beide Krankheiten machen den Boden für den weiteren Anbau für viele Jahre unbrauchbar. Rhabarber und Tomate hingegen können lange Zeit auf demselben Boden gezogen werden. Erdbeeren belässt man drei Jahre am gleichen Standort.

Außerdem stellen Pflanzen unterschiedliche Ansprüche an den Boden. Für die eine kann es gar nicht genug Mist im Boden geben, die andere hat es lieber mager. Kartoffeln lieben einen gut gedüngten Boden. Setzt man Wurzelgemüse, wie z. B. Möhren in einen solchen Boden, gabeln sich ihre Spitzen. Möhren kann man gut nach Kartoffeln anbauen, wenn der Boden nicht wieder gedüngt wird. Die unterschiedlichen Nährstoffansprüche der Pflanzen teilt man ein in Starkzehrer, Mittelzehrer und Schwachzehrer. Der Bodenermüdung durch die einseitige Entnahme eines Nährstoffs wird vorgebeugt, indem nicht zwei Starkzehrer aufeinander folgend angebaut werden.

Starkzehrer sind:
Blumenkohl, Brokkoli, Gurken, Kartoffeln, Kürbis, Melonen, Lauch, Rotkohl, Sellerie, Tomaten, Weißkohl und Zucchini.

Mittelzehrer sind:
Endiviensalat, Fenchel, Knoblauch, Mais, Mangold, Möhren, Radieschen, Rote Beete, Rosenkohl, Salat, Spinat und Zwiebeln.

Schwachzehrer sind:
Bohnen, Erbsen, Feldsalat und Kräuter.

Die Kulturfolge

Unter Kulturfolge versteht man die Vor-, Zwischen-, Haupt- und die Nachkultur während eines Gartenjahres. Schnell wachsende Gemüsearten werden als Vorkulturen im Frühjahr, als Zwischenkulturen im Sommer oder als Nachkulturen im Spätsommer eingesät.

Vorkultur
Dazu gehören Radieschen, Frühkohlrabi, Kopf-, Schnitt- oder Pflücksalat, Erbsen und Spinat. Sie eignen sich hervorragend, um die Zeit zu nutzen, bis die Hauptkulturen dann zu viel Platz und Sonne beanspruchen.

Hauptkultur
Die Hauptfrucht verbleibt den größten Teil der Gartensaison auf dem Beet. Zu dieser Gruppe gehören Gurken, Tomaten, Sellerie, Möhren, Kohl, Bohnen, Petersilie.

Nachkultur
Dazu gehören Kopfsalat, Spinat, Endivien, Chinakohl und Feldsalat.

Wenn junges Laub kommt,

fällt das alte ab.

Redensart

Die Pflanzenfamilien

Schmetterlingsblütler
Erbsen, Dicke Bohnen, Buschbohnen, Stangenbohnen.

In ihren Wurzeln leben Knöllchenbakterien, welche die Fähigkeit haben, Stickstoff aus der Luft zu binden. Deshalb braucht man in einem guten Gartenboden für den Anbau von Erbsen und Bohnen keinen weiteren Dünger. Nach der Ernte gehören die Schmetterlingsblütler auf den Kompost, denn sie ernähren die für die Zersetzung zuständigen Bakterien. Schmetterlingsblütler sind mit sich selbst unverträglich. Daher darf dieses Gemüse erst nach vier Jahren wieder auf der gleichen Stelle angebaut werden.

Kreuzblütler
Kopfkohl, Rosenkohl, Blumenkohl, Brokkoli, Kohlrabi, Kresse, Meerrettich, Senf, Raps, Rettiche und Radieschen.

Die Kreuzblütler sind eigentlich zweijährige Pflanzen. Im ersten Jahr speichern sie Energie, um im zweiten Jahr zur Blüte zu kommen. Wir ernten sie aber bereits nach einem Jahr. Kreuzblütler sollen immer erst nach frühestens fünf Jahren auf derselben Fläche und dann im Wechsel mit anderen Kreuzblütlern angebaut werden. Eine Ausnahme machen Rettich und Radieschen, weil sie eine sehr kurze Vegetationszeit haben.

Die Pflanzenfamilien

Nachtschattengewächse
Kartoffeln, Tomaten, Paprika, Topinambur, Chili.

Aufgrund ihrer exotischen Herkunft vertragen die Nachtschattengewächse keinen Frost. Viele Pflanzen dieser Familie haben einen sehr hohen Vitamin-C-Gehalt. In gemäßigten Zonen ist die Kartoffel der wichtigste Vitamin-C-Lieferant.

Doldenblütler
Möhre, Zuckerwurzel, Pastinake, Petersilie, Sellerie, Fenchel, Kerbelrübe, Gartenkerbel, Koriander, Kümmel, Liebstöckel, Dill.

Alle Doldengewächse haben eine gemeinsame Eigenschaft: Ihre Samen keimen sehr langsam. Man muss also nicht beunruhigt sein, wenn lange nichts aufgeht.

Liliengewächse
Zwiebel, Porree, Schnittlauch, Schalotte, Knoblauch.

Liliengewächse ziehen im ersten Jahr die Energie über die Blätter in die Zwiebeln. Im zweiten Jahr benutzen sie das Blattgrün, um Samen auszubilden. Wenn man sie im Garten anbaut, isst man sie in der Regel natürlich im ersten Jahr.

Gänsefußgewächse
Rote Rüben, Spinat, Mangold.

Kürbisgewächse
Gurke, Zuckermelone, Wassermelone, Kürbis, Zucchini, Flaschenkürbis, Ölkürbis.

Kürbisgewächse sind schnell wachsende, gefräßige, meist rankende Pflanzen, die von allem nie genug haben können. Sie brauchen viel Wasser und Kompost.

Lippenblütler
Basilikum, Bohnenkraut, Majoran, Lavendel, Rosmarin, Salbei, Zitronenmelisse, Dost, Minze, Thymian, Ysop.

Die einzelnen Gemüsepflanzen

Bohnen

Familie
Schmetterlingsblütler

Mittelzehrer

Nachbarn
Stangenbohnen
Gute Nachbarn:
Kohlarten, Kohlrabi, Radieschen, Spinat, Zucchini

Schlechte Nachbarn:
Erbsen, Knoblauch, Lauch, Zwiebeln

Buschbohnen
Gute Nachbarn:
Bohnenkraut, Erdbeeren, Gurken, Kohlarten, Kohlrabi, Kopfsalat, Pflücksalat, Sellerie

Schlechte Nachbarn:
Erbsen, Knoblauch, Lauch, Zwiebeln

Aussaat
Puffbohnen ab März bis Mai
Stangen- und Buschbohnen nach den Eisheiligen. Ständig nachsäen bis Anfang Juli. So hat man immer frische Bohnen. Bohnensamen weicht man über Nacht in Milch ein. Das hilft gegen die Bohnenblattlaus.
Pflanzenabstand: 5 Zentimeter
Saattiefe: 3–5 Zentimeter
Reihenabstand: 40–50 Zentimeter
Während der Anzucht gut feucht halten.

Standort und Boden
Gartenbohnen lieben einen sonnigen Standort und sollten vor Wind geschützt sein. Sie brauchen einen guten, humusreichen Boden.

Pflege
Nur wenig düngen, denn in den Wurzeln leben Knöllchenbakterien, die für die Bohnen Stickstoff in der Luft binden können.

Für kletternde Bohnen werden Rankhilfen benötigt. Man wählt Bambusstäbe oder Stangen. Gegen übrig gebliebene Krankheitskeime vom Vorjahr reibt man die Rankhilfen vorher mit Essig ab. Man kann die Bohnen aber auch an einer Sonnenblume ranken lassen. Dazu wählt man eine Sorte, die möglichst hoch wächst. Übrigens: Die Strünke der Sonnenblumen wurden früher als Anzündmaterial für den Ofen verwandt.

Stangenbohnen brauchen sehr viel Wasser. Ohne Regen oder künstliche Bewässerung bilden sie während längerer Trockenheit keine Hülsen. Wenn es sehr trocken ist, muss man seine Bohnen gießen. Zusätzlich kann man auch die Blüten besprühen. Das fördert die Fruchtbildung.

Ernten/Lagern
Beide Hände beim Ernten verwenden. Die eine Hand hält die Ranke, die andere reißt die Bohne aus. Je mehr man pflückt, um so mehr Bohnen wachsen nach.

Achtung: Rohe Gartenbohnen sind giftig. Sie enthalten das Glykosid Phasein, das durch Kochen und durch Milchsäuregärung zerstört wird.

Erbsen

Familie
Schmetterlingsblütler

Schwachzehrer

Nachbarn
Gute Nachbarn:
Dill, Gurken, Kohlarten, Kohlrabi, Kopfsalat, Karotten, Radieschen, Rhabarber, Zucchini

Schlechte Nachbarn:
Bohnen, Kartoffeln, Knoblauch, Lauch, Zwiebeln

Aussaat
Da sie Frost vertragen, kann man sie bereits im März ins Freiland aussäen. Nach April ausgesäte Erbsen setzen nicht mehr viele Früchte an. Man kann die Samen vor der Aussaat 24 Stunden wässern.
Reihenabstand: 40–50 Zentimeter
Pflanzenabstand: 3–5 Zentimeter
Saattiefe: 5 Zentimeter
Bei Trockenheit feucht halten.
Die Kulturdauer beträgt zwischen 90 und 120 Tagen.

Standort und Boden
Gut gelockerter Boden, mittlere bis schwere Böden bringen höhere Erträge. Die Erbse ist eine gute Vorfrucht, weil sie tief wurzelt und den Boden mit Stickstoff anreichert.

Achtung: Erbsen sind mit sich selbst und anderen Schmetterlingsblütlern unverträglich.

Unbedingt drei Jahre lang am gleichen Standort keine Bohnen und Erbsen anbauen.

Pflege
Erbsen sind gegen Trockenheit relativ widerstandsfähig, erst mit Beginn der Fruchtbildung regelmäßig wässern. Erbsen brauchen ein Rankgerüst.

Ernten/Lagern
Erbsen enthalten viel Vitamin A, B und C. Sie werden von Mitte Juni bis August geerntet. Man darf den richtigen Erntezeitpunkt nicht verpassen, denn Erbsen schmecken am besten, wenn sie jung und zart sind. Durch ihren hohen Zuckergehalt schmecken sie dann sehr süß. Da der Zucker sich jedoch sofort nach der Ernte verflüchtigt, muss man sie sofort nach der Ernte verarbeiten. Erbsen kann man gut einfrieren.

Kohl

Familie
Kreuzblütler

Starkzehrer

Nachbarn
Gute Nachbarn:
Buschbohnen, Dill, Erbsen, Gurken, Stangenbohnen, Kamille, Kartoffel, Kopfsalat, Lauch, Sellerie, Spinat, Radieschen

Schlechte Nachbarn:
Erdbeeren, Knoblauch, Senf, Zwiebeln

Aussaat
Ab Februar oder März im Frühbeet oder im Haus aussäen.
Von März bis Mai direkt ins Freiland säen.
Wenn die Pflanzen über 12 Zentimeter hoch sind, an den endgültigen Standort pflanzen.
Pflanzenabstand: 50 Zentimeter
Reihenabstand: 40 Zentimeter

Ins Pflanzloch sollte Kalk gestreut werden. Das wirkt vorbeugend gegen die Krankheit Kohlhernie. Ist sie erstmal im Boden, darf an der Stelle sechs Jahre lang kein Kohl angebaut werden.

Standort und Boden
Kohl braucht viel Platz und Feuchtigkeit. Seine Ansprüche an den Boden sind ziemlich hoch: Humusreiche, mit Kompost verbesserte Erde ist ideal. Da seine Wurzeln tief in die Erde dringen wollen, empfiehlt es sich, mit der Gabel den Boden tiefgründig zu lockern.

Pflege
Außer Chinakohl und Kohlrabi, die mit schwachen Düngergaben auskommen, braucht Kohl besonders zu Anfang viel zusätzliche Düngung, z. B. Brennnesseljauche. Kohl braucht auch viel Wasser. In Trockenperioden muss man zusätzlich gießen. Da er an den Stielen Wurzeln bilden kann, muss man die Pflanzen während des Wachstums mit Erde anhäufeln.

Ernten/Lagern
Nachdem man den Kohlkopf abgeschnitten hat, muss man auch die Wurzel aus dem Boden ziehen. Das ist sehr wichtig, denn sonst können sich im Boden Krankheiten festsetzen. Lagern kann man die Kohlköpfe an einem frostsicheren Platz auf Stroh gebettet oder wenn, es sehr kühl ist, auch mit Stroh zugedeckt.

Wer einen Baum **pflanzt**, wird den

Himmel **gewinnen**.

Konfuzius

Die einzelnen Gemüsepflanzen

Rosenkohl

Familie
Kreuzblütler

Mittelzehrer

Aussaat
Ab Februar und März im Frühbeet oder im Haus aussäen.
Ab Mai direkt ins Freiland säen.
Wenn die Pflanzen über 12 Zentimeter hoch sind, kann man sie an den endgültigen Standort pflanzen.
Pflanzenabstand: 50 Zentimeter
Reihenabstand: 50 Zentimeter

Standort und Boden
Alles wie beim Kohl: humusreiche, mit Kompost verbesserte Erde. Es sollte etwas Kalk ins Pflanzloch gestreut werden.

Pflege
Beim Aussetzen sollte man die jungen Pflänzchen etwas tiefer setzen, dann den Boden kräftig mit der Hand platt drücken. Das fördert die Wurzelbildung am Stiel. Mit einer Kopfdüngung aus Brennnesseljauche erholt sich der Setzling schneller vom Verpflanzen. Während des Wachstums muss man die Stiele immer wieder anhäufeln, das macht den Rosenkohl stark. In windigen Lagen sollte man den Rosenkohl an Stützen binden.

Ernten/Lagern
Rosenkohl schmeckt erst richtig gut, wenn er ein paar Mal Frost bekommen hatte. Zuerst erntet man die unteren Röschen. In gemäßigten Lagen kann man den Rosenkohl bis ins Frühjahr auf dem Beet lassen und von dort abernten. In kalten Lagen mit viel Schnee zieht man die Pflanze mit der Wurzel aus dem Boden und legt sie an einen kalten Platz in Sand. So hält sich der Rosenkohl monatelang.

Die einzelnen Gemüsepflanzen

Kartoffeln

Familie
Nachtschattengewächs

Starkzehrer

Nachbarn
Gute Nachbarn:
Buschbohnen, Kamille, Kapuzinerkresse, Kohlarten, Kohlrabi, Spinat, Tagetes

Schlechte Nachbarn:
Erbsen, Kürbis, Sellerie, Sonnenblumen

Aussaat
Kartoffeln zum Auspflanzen müssen ab Januar vorkeimen. Dazu legt man sie bei fünf bis sieben Grad und niedriger Luftfeuchtigkeit an einen dunklen Ort. Die Keime oder Augen sollten nach oben weisen. Die Triebe sollten zur Pflanzzeit zirka zehn Zentimeter lang, stark und grün sein. Vor dem Auspflanzen sollte man bis auf drei Haupttriebe alle anderen ausbrechen.

Pflanzzeit für frühe Kartoffeln ab Mitte März, mittlere ab Anfang April, späte ab Ende April bis Mitte Mai. Am leichtesten tun sich die Kartoffeln, wenn sie in einen warmen Boden gelegt werden, und dies möglichst noch bei gutem Wetter. Also lieber etwas später als zu früh pflanzen.

Reihenabstand: 60 Zentimeter
Pflanzenabstand: 30 Zentimeter
Tiefe: 10–15 Zentimeter

Das Auspflanzen erfolgt in Furchen, dann das Erdreich als Damm über den Kartoffeln anhäufeln.

Standort und Boden
Kartoffeln wachsen in jedem Boden und bei jedem Wetter. Sie brauchen nur wenig Pflege. Kompost oder verrotteter Stallmist erhöht den Ertrag und verbessert den Boden zusätzlich.

Kartoffeln gelten als Gesundungsfrucht für den Boden. Sie lockern das Erdreich tiefgründig und das Bodenleben nimmt wieder zu. Am besten pflanzt man sie in ein Beet, dessen Boden schon etwas ermüdet ist.

Pflege
Sind die Triebe 20–25 Zentimeter hoch, wird mit Erde stark angehäufelt, damit sich im Damm Wurzeln und Knollen bilden und kein Licht an die Kartoffeln kommt. Grüne Kartoffeln sind ungenießbar.

Ernten/Lagern
Die Ernte kann beginnen, wenn die Pflanzen verblüht sind. Bevor geerntete Kartoffeln eingelagert werden, müssen sie völlig trocken sein. Der Lagerraum sollte trocken, dunkel und kühl, aber frostsicher sein.

Kartoffeln im Eimer ziehen

Man kann Kartoffeln auch auf kleinstem Raum anbauen. Dazu nimmt man einen Eimer, bohrt Löcher in den Boden und deckt sie mit Tonscherben ab. Dann füllt man ein Viertel mit Erde, legt eine einzige Saatkartoffel hinein und füllt den Eimer anschließend zur Hälfte auf. Wenn das erste Grün zu sehen ist, gibt man nach und nach immer mehr Erde hinein, bis der ganze Eimer voll ist. Zur Erntezeit leert man den Eimer einfach aus. Sie werden sich wundern, wie viele Kartoffeln aus der einen geworden sind.

Die einzelnen Gemüsepflanzen

Tomaten

Familie
Nachtschattengewächs

Mittelzehrer

Nachbarn
Gute Nachbarn:
Petersilie, Kapuzinerkresse, Schnittsellerie, Zwiebeln

Schlechte Nachbarn:
Bohnen, Erbsen, Fenchel, Gurken, Rotkohl, Rote Beete, Kartoffeln

Aussaat
Aussäen ab Mitte Februar bis Ende März. Ideal ist eine Temperatur um 20 Grad, pro Töpfchen zwei bis drei Samenkörner. Die kräftigste Pflanze bleibt später stehen. Nach zirka zwei Monaten kann man die Pflanze umtopfen. Die Pflänzchen bis zum Ansatz der Keimblätter in die Erde setzen und vorher die Wurzelspitzen ein wenig abkneifen, um eine starke Wurzelbildung anzuregen. Freilandtomaten ab Mitte Mai abhärten. Nach den Eisheiligen kann man sie auspflanzen. Pflanzen fürs Gewächshaus können schon ab April umgesetzt werden. Für jeden Setzling gräbt man ein 30 Zentimeter tiefes Loch, das bis zum Rand mit Kompost gefüllt wird. Beim Pflanzen sollte ein Drittel bis zu Hälfte des Stiels möglichst schräg und tief eingesetzt werden, denn Tomaten haben die Fähigkeit, am Stiel Wurzeln auszubilden.
Pflanzenabstand: 60 Zentimeter
Reihenabstand: 90 Zentimeter

Standort und Boden
Tomaten können lange am selben Standort gezogen werden, brauchen aber unbedingt viel Sonne. Es ist sinnvoll, die Pflanzen vor Regen zu schützen. Feuchte Blätter machen die Pflanze sehr anfällig für Pilzkrankheiten. Für den Freilandanbau sollte man eine robuste Sorte auswählen.

Pflege
Da Tomaten Rankpflanzen sind, brauchen sie Stützen. Man versenkt sie gleich beim Auspflanzen in den Boden. Der

Wurzelballen der Setzlinge darf aber auf keinen Fall beschädigt werden. Gleich nach dem Auspflanzen wird die Pflanze mit einer Kopfdüngung mit Brennnesseljauche verwöhnt. Sie versorgt die Pflanze auch mit Kieselerde und stärkt sie so vor Pilzkrankheiten. In den Folgewochen dies wiederholen, aber nur bis Ende Juni.

Am Anfang benötigen die Pflanzen viel Wasser. Sie lieben warmes Regenwasser. Wenn sich reichlich Wurzelwerk gebildet hat, können sich die Tomaten gut selbst versorgen. Beim Gießen sollte man nicht die Blätter nass machen.

Da Tomaten warmen Boden lieben, entfernt man die unteren Blätter. Damit die ganze Kraft in die Frucht geht, entfernt man die Nebentriebe, die sich in den Blattachseln bilden. Es empfiehlt sich, je Pflanze nur vier Fruchttrauben stehen zu lassen, damit sie ihre Kraft nicht verschwendet.

Ernten/Lagern
Rote Tomaten nimmt man vorsichtig, ohne den Stiel zu verletzen, von der Rispe. Grüne Tomaten kann man an einem dunklen, kühlen Ort im Haus auslegen. Sie reifen dort nach.

Möhren

Familie
Doldengewächs

Mittelzehrer

Nachbarn
Gute Nachbarn:
Dill, Erbsen, Knoblauch, Kopfsalat, Lauch, Rosmarin, Salbei

Schlechte Nachbarn:
Rote Beete

Aussaat
Von März bis Juli
Rillen von ein bis zwei Zentimeter Tiefe ziehen, das Saatgut mit Sand oder Dillsamen vermischen, die Rillen mit Erde bedecken und leicht andrücken.
Reihenabstand: 30 Zentimeter
Die Sämlinge werden kurz nach dem Keimen auf einen Abstand von zwei bis drei Zentimetern vereinzelt. Im Abstand von drei bis vier Wochen mehrmals nachsäen.

Standort und Boden
Karotten wachsen in tiefgründigem und lockerem Boden, der allerdings nicht frisch gedüngt sein darf, da sich sonst die Spitzen gabeln.

Pflege
Gegen die Möhrenfliege drückt man ein paar Knoblauchzehen in die Erde. Während Trockenperioden zweimal die Woche durchdringend wässern, damit die Möhren nicht holzig werden.

Ernten/Lagern
Karotten haben den höchsten Gehalt an Provitamin A, aber man darf sie nicht zu lange im Boden lassen, sonst werden sie nur holzig. Sie müssen im Herbst ganz abgeerntet werden, damit sich die Möhrenfliege nicht im Boden festsetzt. Man kann sie kühl, aber frostfrei, in einer Kiste mit Sand lagern.

Zwiebeln

Familie
Liliengewächs

Mittelzehrer

Nachbarn
Gute Nachbarn:
Basilikum, Bohnenkraut, Dill, Erdbeeren, Gurken, Kamille Kopfsalat, Karotten, Rote Beete, Zucchini

Schlechte Nachbarn:
Buschbohnen, Erbsen, Kohlarten, Stangenbohnen

Aussaat
Im Frühjahr werden die Steckzwiebeln gepflanzt. Bevor die Pflanzlöcher in den Boden getrieben werden, muss man ihn walzen oder mit Trittbrettern festtreten.

Damit die Zwiebeln nicht von Vögeln aus der Erde gezogen werden, steckt man sie so tief in den Boden, dass die Spitze bedeckt ist. Zwiebeln sollte man nur bei gutem Wetter auspflanzen.
Pflanzenabstand: 4 Zentimeter
Reihenabstand: 15 Zentimeter

Standort und Boden
Die Zwiebel braucht einen guten, reichhaltigen Boden in sonniger Lage. Während des Blattwachstums will sie kühles, während des Zwiebelwachstums warmes Wetter.

Pflege
Zwiebeln brauchen nur sehr wenig Pflege. Allerdings muss man die Blütenstängel ausknipsen, bevor die Pflanze zu blühen anfängt, denn sonst bleiben die Zwiebeln klein.

Ernten/Lagern
Die Zwiebeln werden vorsichtig aus dem trockenen Boden gezogen. Dann legt man sie ein paar Tage in die Sonne oder hängt sie auf. Erst wenn sie ganz trocken sind, kann man sie an einem kühlen, frostfreien Ort lagern.

Die einzelnen Gemüsepflanzen

Spinat

Familie
Gänsefußgewächs

Mittelzehrer

Nachbarn
Gute Nachbarn:
Erdbeeren, Kartoffeln, Kohlarten, Stangenbohnen

Aussaat
Von Anfang März bis Mitte Mai und von August bis Oktober.

Standort und Boden
Reihenabstand: 20 Zentimeter
Die Pflanzen kommen mit relativ wenig aus, lockern den Boden aber tiefgründig.

Ernten/Lagern
Erntet man den Spinat blattweise von außen und lässt das Pflanzenherz stehen, sind mehrere Ernten möglich. Spinat lässt sich gut einfrieren.

Gurken

Familie
Kürbisgewächse

Starkzehrer

Nachbarn
Gute Nachbarn:
Basilikum, Dill

Schlechte Nachbarn:
Kartoffeln, Radieschen, Rettich, Rosmarin, Tomaten

Aussaat
Ab Februar oder März fürs Gewächshaus, ab April fürs Freiland.
Gurkensamen brauchen 25 Grad zum Keimen. Während der gesamten Anzucht darf die Temperatur nicht unter 18 Grad absinken.

Bei der Auswahl der Samen sollte man eine Sorte ohne Bitterstoffe verwenden.

Gurkensamen eignen sich gut zum Beizen. Dazu legt man sie

für 24 Stunden in Milch. Die unbrauchbaren Samen werden oben schwimmen und aussortiert.

Wichtig ist, dass die Samen gleich nach dem Beizen eingepflanzt werden.

Nach einem langsamen Abhärten werden die vorgezogenen Pflanzen Ende Mai bis Anfang Juni ausgesetzt. Vorher den Boden mit der Grabegabel tiefgründig lockern. Die Pflänzchen sehr vorsichtig behandeln und nicht zu tief einpflanzen. Dann mit Brennnesseljauche düngen.

Wenn man die Gurken an Schnüren hoch wachsen lässt, beträgt der Abstand zur nächsten Pflanze 50 Zentimeter, auf dem Boden beträgt der Abstand einen Meter.

Standort und Boden
Die Gurke möchte verwöhnt werden. Der wärmste und am besten gedüngte Boden ist ihr gerade gut genug. Am meisten mag sie schon gut verrotteten Stallmist.

Da sie es aufgrund ihrer tropischen Herkunft gerne warm hat und zudem eine hohe Luftfeuchtigkeit liebt, ist der Anbau im Gewächshaus optimal. Der Anbau gelingt aber auch im Folientunnel.

Pflege
Gurken lieben von der Sonne gewärmtes Regenwasser. Sie reagieren empfindlich auf kaltes Wasser und man sollte ihre Blätter beim Gießen nicht benetzen. Gurken brauchen sehr viel Wasser, im Sommer bis zu zehn Liter pro Pflanze. Allerdings darf man auch nicht überwässern. Am besten ist es, wenn man mehrmals am Tag gießt. Einmal die Woche sollte man sie mit Brennnesseljauche düngen.

Tipp: Wenn man einen Blumentopf neben der Pflanze in den Boden versenkt, kann man dort das Wasser hinein gießen. So sickert das Wasser langsam und direkt zur Wurzel. Diese Methode ist auch für Tomaten gut geeignet.

Wenn die Pflanzen sieben oder acht richtige Blätter gebildet haben, stutzt man den obersten Trieb, damit sich die Pflanzen besser verzweigen.

Ernten/Lagern
Die Ernte beginnt im Gewächshaus im Juni, im Freiland im Juli.

Das Pflücken animiert die Pflanze zu neuen Früchten. Gurken kann man einige Tage bei zehn bis 13 Grad lagern. Wenn es zu kalt ist, werden sie schnell gelb und fleckig.

Die einzelnen Gemüsepflanzen

Kürbisse/Zucchini

Familie
Kürbisgewächs

Starkzehrer

Nachbarn
Gute Nachbarn:
Erbsen, Kapuzinerkresse, Bohnenkraut, Stangenbohnen, Zwiebeln

Aussaat
Ab Mitte April unter Glas, Mitte bis Ende Mai im Freiland, Abstand pro Reihe und Pflanze: 100 bis 120 Zentimeter. Auch ihre Samen beizt man zwei bis vier Stunden in Milch.

Standort und Boden
Für den Anbau von Zucchini und Kürbis braucht man mindestens 1,5 Quadratmeter Platz pro Pflanze. Die Pflanzen lieben Wärme und gute Erde und sind deshalb dankbar für ein paar Hände Kompost. Kürbisse kann man auch direkt auf den Kompost setzen.

Pflege
Zucchini und Kürbis brauchen sehr wenig Zuwendung. Einmal in der Erde, brauchen sie den Gärtner nur zum Ernten, vorausgesetzt der Boden ist sehr nährstoffreich, sonst muss man nachdüngen. Wenn es trocken ist, muss man gießen. Bei lang anhaltend feuchtem Wetter kann man die Früchte mit Stroh unterlegen, damit sie nicht faulen. Wenn wenig Platz zur Verfügung steht, kann man den Kürbis an einem Gerüst ranken lassen.

Ernten/Lagern
Die Zucchini-Früchte sollte man möglichst jung ernten, denn dann schmecken sie am besten. Die Zucchini bilden sehr schnell wahre Monsterfrüchte. Kürbisfrüchte lässt man so lange wie möglich an der Pflanze. Wenn der erste Frost droht, dann muss man sie abernten. Dabei darauf achten, dass die Pflanzen nicht verletzt werden. Man kann sie an einem trockenen, kühlen Ort bis ins Frühjahr lagern.

Ein Garten voller Blumen

Stauden

Pflanzen, die über mehrere Jahre im Boden bleiben, nennt man Stauden. Sie gibt es in allen erdenklichen Farben und Formen. Da man das Staudenbeet für viele Jahre anlegt, sollte man es gut planen und die Pflanzen sorgfältig auswählen.

Wichtige Kriterien

- Welchen Standort hat das Beet? Trocken, feucht, sonnig oder schattig: Daraus ergibt sich die Pflanzenwahl.
- Wann blüht die Staude? Nicht nur an den Sommer, sondern auch an Frühling, Herbst und Winter denken. Im Idealfall blüht das ganze Jahr etwas.
- Welche Farben sollen ins Beet?
- Wie viel Platz braucht die Pflanze?
- Wie hoch werden die Pflanzen? Hohe pflanzt man eher nach hinten.
- Vertragen sich die Stauden miteinander?

Stauden kann man aus Samen selbst ziehen. Oder man teilt den Wurzelstock.

Zur Vorbereitung sollte man das Beet einmal tief umgraben und dabei alle Unkräuter entfernen. Achtung! Aus winzigen Wurzelstückchen entstehen neue Pflanzen.

Stauden sollten nicht zu tief gepflanzt werden. Die Knospen für das nächste Jahr sollen knapp unter der Erdoberfläche liegen.

Ist das Staudenbeet einmal angelegt, entfaltet es jedes Jahr von Neuem seine Pracht. Es braucht den Gärtner dann nur noch wenig. Staudengärten lassen sich mit relativ wenig Pflegeaufwand in Ordnung halten.

Ein Garten voller Blumen

Die einzelnen Stauden

Akelei (Aquilegia)
Klassische Bauerngartenpflanze, verschiedene Blütenfarben, 30 bis 60 Zentimeter hoch, Blütezeit von Mai bis Juni, Standort sonnig bis halbschattig.

Aster
Viele Farben, 60 Zentimeter bis ein Meter hoch, Blütezeit je nach Art von Juli bis Oktober, sonniger Standort.

Baldrian (Valeriana)
Heilpflanze, weiße Blüten, 50 Zentimeter bis 1,5 Meter hoch, Blütezeit Juni/Juli, sonniger und feuchter Standort.

Blaukissen (Aubrieta)
Polsterstaude, blaue Blüten, Blütezeit von April bis Mai, sonnig bis schattig, nach der Blüte zurückschneiden.

Christrose (Helleborus)
Die Blüten der Christrose sind weiß, teilweise auch rot überlaufen. Nach dem Verblühen wird die Blüte grünlich. Blütezeit ist von Dezember bis Februar, sonniger bis halbschattiger Standort.

Gartenmohn (Papaver)
Klassische Bauerngartenpflanze, rote, rosa, weiße und orange Blüten, 60 bis 90 Zentimeter hoch, Blütezeit von Mai bis Juni, sonniger Standort. Nach der Blüte zieht sich der Mohn in den Boden zurück und treibt im Herbst neu aus.

Glockenblume (Campanula)
Weiße und blaue Blüten, 30 Zentimeter bis 1 Meter hoch, Blütezeit von Juni bis Juli, sonniger Standort.

Johanniskraut (Hypericum)
Heilpflanze, gelbe Blüten, 40 Zentimeter hoch, Blütezeit Juni/Juli, sonniger Standort.

Phlox
Blaue, weiße oder rosa Blüten, 60 bis 80 Zentimeter hoch, Blütezeit von Juli bis September, sonniger Standort.

Pfingstrose (Paeonia)
Klassische Bauerngartenpflanze, die sehr alt werden kann. Weiße, rote oder rosa Blüten, 50 Zentimeter bis 1 Meter hoch, Blütezeit von Mai bis Juni, sonniger Standort. Die Knollen darf man nicht zu tief eingraben, sonst blüht die Pflanze nicht.

Rittersporn (Delphium)
Verschieden farbige Blüten, 80 Zentimeter bis 1,2 Meter hoch, Blütezeit von Juni bis Juli, sonniger Standort. Den Rittersporn sollte man direkt nach der Blüte zurückschneiden. Das fördert Nachblüte im August/September.

Fetthenne (Sedum)
Klassische Bauerngartenpflanze, Blüten in weiß, rosa oder gelb, 20 bis 60 Zentimeter hoch, Blütezeit je nach Art von Juni bis Oktober, sonniger Standort. Die Fetthenne verträgt Trockenheit und ist sehr pflegeleicht. Sie ist ein wahrer Schmetterlingsmagnet. Ihre Blumenstände sollte man im Herbst stehen lassen. Sie wirken bei frostigem Wetter sehr attraktiv.

Sonnenhut (Echinaecea)
Klassische Bauerngartenpflanze, blüht weiß und rosarot bis purpur, 80 Zentimeter bis 1 Meter hoch, Blütezeit Juli bis September, sonniger Standort.

Tränendes Herz (Dicentra)
Klassische Bauerngartenpflanze, weiße und rote Blüten, 80 Zentimeter bis 1 Meter hoch, Standort halbschattig. Der Boden darf nicht zu trocken sein.

Ein Garten voller Blumen

Ein- oder zweijährige Blumen

Diese Pflanzen leben nur ein oder zwei Jahre. Die Zweijährigen tanken im ersten Jahr über die Blätter genug Energie, um im zweiten Jahr auszutreiben. Die Einjährigen legen noch einen Zahn zu. Sie kommen noch im selben Jahr zur Blüte und sterben danach. Einjährige, die einen jedes Jahr aufs Neue verblüffen, sind Sonnenblumen. Ab April im Haus vorgezogen, ab Mai hinaus ins Freiland, sind sie im Juli schon gelbe Riesen.

Fingerhut (Digitalis)
Zweijährig, blüht weiß und rosa, 50 Zentimeter bis 1,2 Meter, sonnig bis halbschattig, Blütezeit Juni bis Juli, sät sich in den Folgejahren gut selbst aus.

Kamille (Chamomilla)
Einjährige Heilpflanze, 30 Zentimeter, sonniger Standort, Blütezeit Juni bis Juli, säht sich in den Folgejahren gut selbst aus.

Kapuzinerkresse (Tropaeolum)
Einjährig, rankend bis 1,5 Meter, sonniger Standort, Blütezeit Juni bis Oktober, sät sich gut selbst aus.

Königskerze (Verbascum)
Zweijährig, Blüten in weiß und gelb, 80 Zentimeter bis zwei Meter hoch, Blütezeit von Juni bis September, sonniger Standort.

Löwenmäulchen (Antirrhinum)
Einjährig, verschiedene Farben, 20 Zentimeter bis 1 Meter hoch, sonniger Standort, leicht zu pflegen, braucht wenig Wasser, Blütezeit von Juli bis Oktober.

Ringelblume (Calendula)
Einjährig, Heilpflanze und Klassiker im Bauerngarten, 20 Zentimeter hoch, Blüten gelb bis orange, Blütezeit von Mai bis September, sonniger Standort.

Sonnenblume (Helianthus)
Einjährig, blüht gelb bis rotorange, 50 Zentimeter bis 3,5 Meter hoch, Blütezeit von Juli bis Oktober.

Stockrose (Alcea)
Zweijähriger Klassiker für den Bauerngarten, viele Farben, bis 2 Meter hoch, Blütezeit von Juli bis September, sonniger Standort und nicht zuviel Bodenfeuchtigkeit, sonst droht Malvenrost, Rückschnitt nach der Blüte.

Studentenblumen (Tagetes)
Einjährig, Blüten in weiß, braun, gelb und orange, 20 bis 60 Zentimeter hoch, Blütezeit April bis September, sonniger Standort, leicht zu pflegen.

Ein Garten voller Blumen

Zwiebelblumen

Dahlien (Dahlia)
Sie sind die Königinnen der Sommerblumen, blühen in allen Farben und Blütenformen, 30 Zentimeter bis 1 Meter hoch, Blütezeit von Juli bis September, sonniger Standort. Da die Knollen der Dahlien nicht winterhart sind, muss man die Zwiebeln im Herbst ausgraben und im Haus in Sand überwintern. Im Mai werden sie wieder ausgepflanzt.

Gladiolen (Gladiolus)
In allen Farben, bis 1,2 Meter, Blütezeit von Juli bis August, sonniger Standort. Auch diese Zwiebeln muss man im Herbst ausgraben und kühl und trocken überwintern. Im Mai wieder auspflanzen, nicht zu flach eingraben, sonst sind sie sehr windempfindlich.

Kaiserkrone (Fritillaria)
Typische Bauerngartenpflanze, wehrt Wühlmäuse ab, blüht orange und gelb, bis 1,2 Meter hoch, Blütezeit März/April, sonniger Standort, winterhart.

Lilien (Lilium)
Typische Bauerngartenpflanze, Blüte in weiß, gelb oder orange, bis 1,5 Meter hoch, Blütezeit Juli bis September, sonniger Standort, keine Staunässe, auspflanzen im März/April oder August/September, winterhart.

Narzissen (Narcissus)
Blüte in weiß, gelb, orange, rosa, bis 40 Zentimeter hoch, Blütezeit je nach Sorte von März bis Mai, im Herbst auspflanzen, verwelkte Blüten abschneiden, damit sich keine Frucht bildet. Die Blätter stehen lassen. So zieht die Pflanze Energie in die Zwiebel und vermehrt sie, winterhart.

Schneeglöckchen (Galanthus)
Weiße Blüte, bis 15 Zentimeter hoch, Blütezeit Januar bis März, auspflanzen im Herbst, verwildert, Blätter nach der Blüte zwei Monate stehen lassen, winterhart.

Winterling (Eranthis)
Gelbe Blüte, bis 15 Zentimeter hoch, Blütezeit Februar bis März, auspflanzen im Herbst, verwildert, winterhart.

Ein Garten voller Blumen

Einheimische Pflanzen

Darunter versteht man Pflanzen, die in der Umgebung wild wachsen und so besonders gut an die örtlichen Gegebenheiten angepasst sind. Einheimische Pflanzen siedeln sich von ganz alleine im Garten an, wenn man sie nicht als Unkraut betrachtet. Sie setzen sich in allen möglichen Ritzen fest, an Mauern und am Wegesrand. Das Prinzip Zufall macht den Garten sehr idyllisch und sehr natürlich. Einheimische Pflanzen entlasten den Gärtner, denn sie gestalten den Garten auch ohne ihn.

Ein Garten voller Schmetterlinge

Wildblumen sind eine ideale Nahrungsquelle für Schmetterlinge. Lieblingspflanzen sind die Fetthenne, Majoran und der Schmetterlingsflieder. Für die Eiablage brauchen viele Schmetterlinge die Brennnessel. Über sie, aber auch über Weiden, Kirschen und Schlehdorn, machen sich die Raupen mit wahrem Heißhunger her. Wer genügend Platz hat, sollte eine Ecke mit Brennnesseln stehen lassen. Die Brennnessel ist schließlich auch eine wertvolle Heilpflanze, die zudem für die Düngebrühe gebraucht wird.

Ein Garten für Vögel

Einheimische Sträucher wie Haselnuss, Kreuzdorn, Holunder oder die wilde Rose bieten Vögeln ausreichend Nahrung. Aber auch Blütensamen oder Sonnenblumenkerne werden von Vögeln gerne abgeerntet. Zum Brüten brauchen Vögel dichte Sträucher oder Hecken. Auch mit Efeu bepflanzte Fassaden bieten Platz für einen schön versteckten Unterschlupf. Im Herbst sollte man das Laub liegen lassen oder unter Bäume kehren, denn unter ihm suchen Vögel in der kalten Jahreszeit nach Nahrung.

Schimpfe auf dich selbst, nicht aber auf die

Sonne, wenn dein Garten blüht.

Chinesisches Sprichwort

Sag es durch die Blume

Rote Rosen sind das Symbol der Liebe. Dagegen sind weiße Rosen ein Zeichen für Unschuld. Das vierblättrige Kleeblatt ist ein Glücksbringer, die Blattfäden des Spitzwegerichs verraten den Kindersegen und die Margerite ist ein Liebesorakel. Er liebt mich. Er liebt mich nicht. So fällt Blütenblatt für Blütenblatt.

Schon sehr früh machten die Menschen Pflanzen zu Symbolen. Der Baum, der oft kultisch als göttliches Wesen verehrt wurde, ist eines der bedeutungsreichsten Symbole. Mit seinen tiefen Wurzeln, seinem geraden Stamm und der hohen Krone war er ein Symbol für die Verbindung von Erde und Himmel, ein Symbol für Unterbewusstsein, Bewusstsein und Überbewusstsein.

Nach Farben unterschieden symbolisieren gelbe Blumen die Sonne, weiße den Tod oder Unschuld. Rote Blumen stehen für Liebe oder Blut und blaue für Traum und Geheimnis.

Einige typische Pflanzen aus dem Garten meiner Großmutter und was sie bedeuten:

Akelei (Aquilegia)
Einerseits steht der nickende Blütenkopf für Demut, Anbetung und die Sorgen der Jungfrau Maria. Andererseits steht die Akelei für die Sexualkraft. Die Samen der Akelei waren Bestandteil vieler Hexenmittel gegen Impotenz.

Apfel (Malus)
Liebesapfel, Zankapfel, Lebensapfel, Reichsapfel. Der Apfel ist ein uraltes Symbol mit mehreren Bedeutungen. Vor allem steht der Apfel für die weibliche Brust und symbolisiert Liebe, Sexualität und Fruchtbarkeit. Viele Legenden in den unterschiedlichsten Kulturen erzählen vom Apfelbaum als Baum des ewigen Lebens. Martin Luther sagte: „Wenn morgen die Welt unterginge, würde ich heute noch ein Apfelbäumchen pflanzen."

Sag es durch die Blume

Baldrian (Valeriana)
Der mittelalterliche Volksglauben verwandte Baldrian zum Ausräuchern des Teufels und zum Vertreiben von Hexen.

Birne (Pyrus)
Sie war bekannt als Abwehrmittel gegen bösen Zauber und als Ehe-Orakel. Gab es viele Birnen, so sagte man, dem heiratsfähigen Mädchen stehe ein Freier ins Haus.

Christrose (Helleborus)
Die Christrose ist ein Symbol für Leben aus der Todesstarre und für Auferstehung. Der Mönch Laurentius schrieb über sie das Lied: „Es ist ein Ros' entsprungen". Nach einer anderen Legende beheimatet die Pflanze die Seele eines Kindes, welches in einer bitterkalten Nacht verstoßen wurde und von der Göttin Freya aus Mitleid in eine Christrose verwandelt wurde.

Efeu (Hedera)
Efeu ist eine der ältesten Mysterienpflanzen. Weil er eine immergrüne Pflanze ist, steht er für Unsterblichkeit und weil er rankt und sich mit seinem Untergrund verbindet, ist er ein Symbol für Treue. Tristan und Isolde begrub der böse König nach ihrem gemeinsamen Liebestod auf den gegenüberliegenden Seiten einer Kirche. Von den Gräbern rankten zwei Efeustöcke nach oben und verbanden sich auf dem Dach.

Ehrenpreis (Veronica)
Der lateinische Name ist Veronica. Aus ihm wurde das Wortspiel „vera unica medicina", das man symbolisch auf Christus als „wahre, einzige Medizin" bezog. Man vermied es, Ehrenpreis ins Haus zu holen, weil man glaubte, dass er den Blitz anzieht.

Eiche (Quercus)
Die Eiche wurde einst als heilig verehrt. Ihr hartes Holz und dass sie 30 Menschengenerationen alt werden kann, machten die Eiche zum Symbol für Ewigkeit. Man nahm früher an, dass mehr Blitze in die Eiche einschlagen als in andere Bäume. Sprichwort: Vor Eichen sollst du weichen, Buchen sollst du suchen.

Farn (Polystichum)
Der Farn ist eine Pflanze aus der Urzeit und gilt als mystisches Symbol. Dem Volksglauben nach konnte man unsichtbar werden, wenn man seinen Körper mit den Sporen eines Farns bestreut hatte.

Fingerhut (Digitalis)
Englischen und irischen Sagen nach ist der Fingerhut die Kopfbedeckung der Elfen.

Frauenmantel (Alchemilla)
Der Frauenmantel ist ein Symbol für den schützenden Mantel von Maria. Der Frauenmantel bildet nach einer feuchten Nacht perlende Tautropfen. Der Legende nach sind sie ein Grundstoff zu Gewinnung des Steins der Weisen.

Sag es durch die Blume

Holunder (Sambucus)
Um den Holunderbaum, auch Hollerbusch genannt, ranken sich unzählige Mythen und Legenden. Das Kreuz Christi soll aus Holunderholz gezimmert worden sein und Judas soll sich für seinen Freitod einen Holunderbaum ausgesucht haben. Angeblich hatten die Hexen Zauberstäbe aus Holunderholz. Im Volksglauben hausen in den Holunderbäumen die guten Hausgeister, die vor Blitzeinschlag und Feuer schützen. Traditionell pflanzte man deshalb den Holunder nahe am Haus. Das Abhauen des Holunders sowie das Verbrennen des Holzes galten als Unglück und Tod bringend.

Johanniskraut (Hypericum)
Die Johanniskrautpflanze steht für die heilenden Aspekte des Mittsommers. Sie ist nach dem christlichen Namenspatron dieses Tages benannt.

Königskerze (Verbascum)
Eine Legende erzählt, dass ein englischer König und sein Sohn in Rom in den Katakomben von ihrem Führer beraubt und zurückgelassen wurden. Als der König um Hilfe betete, ging von der Blume, die sein Sohn am Eingang gepflückt hatte, ein Leuchten aus, so dass sie wieder hinaus fanden. Seither heißt diese Pflanze Königskerze. Man nennt sie auch „Wetterkerze", weil sie die Eigenschaft hat, sich bei gutem Wetter mit der Spitze nach Osten zu neigen und bei schlechtem Wetter nach Westen. Damit war sie wohl einer der ersten Wetterpropheten, nach dem sich die Menschen richten konnten.

Lilie (Lilium)
Die weiße Lilie ist ein altes Licht-Symbol. In der christlichen Kunst steht sie für Reinheit und Jungfräulichkeit und ist ein Attribut von Maria.

Maiglöckchen (Convallaria)
Eine Legende sagt, dass das Maiglöckchen aus den Tränen Marias entstanden sein soll, als sie neben dem Kreuz Jesu auf den Boden tropften.

Margerite (Leucanthemum)
Der lateinische Name ist Perle. Sie steht für Tränen oder Blutstropfen und weist in christlichen Bildern auf die Leiden Christi hin.

Mohn (Papaver)
Der Sage nach wuchs der Mohn aus den Tränen der Göttin Aphrodite, die sie über den Tod ihres Geliebten Adonis weinte. Der Klatschmohn diente früher als Liebesorakel. Man schlug auf die Blütenblätter und die Lautstärke des Knalls verriet die Stärke der Liebe.

Narzisse (Narcissus)
Sie ist ein Symbol für Eitelkeit und Eigenliebe. Der Name geht auf eine griechische Sage zurück, nach der sich der wunderschöne Jüngling Narzisses in sein eigenes Spiegelbild verliebte.

Pfingstrose (Paeonia)
Ihre dornenlose Schönheit ist ein Symbol für Maria. Die Samen galten auch als Schutz gegen Hexen und als Mittel gegen Gicht. Deshalb wurde die Pfingstrose früher Gichtrose genannt.

Ringelblume (Calendula)
Einer Legende nach blieb eine Magd, die sich in den Sonnengott Apollo verliebt hatte, eine ganze Nacht auf dem Feld, um ihn als Erste zu erblicken. Sie starb schließlich vor Liebe und an der Stelle blühte die erste Ringelblume in der Farbe der Sonne.

Rose (Rosa)
Die Rose ist die Königin der Blumen. Sie trägt den Goldenen Schnitt in sich wie keine andere Pflanze. Die fünfteilige Blütenanordnung symbolisiert das Pentagramm und damit das Geheimnis. So gilt die Rose seit uralten Zeiten als Symbol der Verschwiegenheit. Seit dem Mittelalter steht die Rose für die Liebe. Bis heute gilt ein Strauß aus zwölf roten Rosen als ultimativer Liebesbeweis.

Beeren

In den asiatischen und arabischen Ländern werden Beeren nicht nur als Nahrungsmittel, sondern auch als Heilmittel gegessen. Zu Recht, denn die roten und blauen Farbstoffe sind auch wissenschaftlich als gesundheitsfördernde Substanzen bekannt, denn sie haben die Fähigkeit, freie Radikale im Körper zu binden. Diese verursachen den natürlichen Alterungsprozess und gelten auch als auslösender Faktor für Krebs. Insgesamt stimulieren Beeren den Stoffwechsel, stärken das Herz-Kreislauf-System und schützen Augen, Haut, Nieren und Gelenke.

Beeren

Erdbeeren (Fragaira)

Starkzehrer
Erdbeeren bleiben drei Jahre am selben Standort. In dieser Zeit entziehen sie dem Boden alle Nährstoffe.

Sorten
Es gibt Monatserdbeeren, die immer tragen und solche, die zu einer bestimmten Zeit reifen.

Aussaat
Erdbeeren brauchen eine Keimtemperatur von 18 bis 22 Grad. Die Samen werden mit einer drei Millimeter dicken Bodenschicht fein bedeckt. Vor dem Versetzen der Pflanzen ins Freiland sollte man die Erdbeeren vorher etwa eine Stunde in lauwarmes Wasser stellen. Die Blätter müssen aber trocken bleiben. Das Auspflanzen ist bis August möglich. Der Reihenabstand beträgt 50 Zentimeter und der Pflanzenabstand 30 Zentimeter. Beim Pflanzen muss man darauf achten, dass das Herz nicht von der Erde bedeckt wird, und man darf die Setzlinge nicht in frisch umgegrabenen Boden pflanzen.

Standort und Boden
Damit Erdbeeren reichlich tragen und auch lecker schmecken, brauchen sie einen guten Boden. Da sie Waldpflanzen sind, gedeihen sie auch im Schatten, bevorzugen aber die Sonne.

Pflege
Im Erdbeerbeet darf nicht gehackt werden. Hacken kann die feinen Wurzeln zerstören. Das Mulchen mit Kiefernadeln verbessert Ertrag und Geschmack und hält zudem noch Schnecken ab. Mulchen kann man auch mit Kompost oder Farnkraut, nach der Blüte mit Stroh. Mit Kompost düngt man am besten kurz vor oder sofort nach der Ernte. Erdbeeren gießt man nur bei extremer Trockenheit vor und während der Blüte. Zuviel Wasser nimmt den Erdbeeren nämlich den Geschmack. Die Blätter werden nach der Ernte abgeschnitten. Das Herz bleibt jedoch stehen. Gegen starken Frost schützt man die Pflanzen mit Reisig.

Vermehren
Erdbeeren bekommen Ranken, an denen sich neue Pflanzen bilden. Diese Ausläufer pflanzt man in einen Anzuchttopf mit guter Erde. Die Ranke schneidet man erst ab, wenn sich die neue Pflanze ganz im Topf verwurzelt hat. Dann setzt man sie an ihren endgültigen Standort. So kann man jedes Jahr ein neues Beet anlegen und ein altes dafür aufgeben.

Ernten
Die Beeren am besten morgens ernten. Dann schmecken sie am besten.

Himbeeren (Rubus)

Starkzehrer
Himbeeren kann man sechs bis zehn Jahre am selben Standort belassen. Danach macht man mindestens vier Jahre Pause.

Nachbarn
Gute Nachbarn sind Buschbohnen, Ringelblumen und Zwiebeln. Melisse fördert die Gesundheit und Schafgarbe die Fruchtbarkeit.

Aufzucht
Eigene Ruten verpflanzt man im Oktober und November oder im März und April. Der Pflanzenabstand beträgt 40 Zentimeter und der Reihenabstand 150–200 Zentimeter.

Die Ruten werden vor dem Pflanzen 15 Minuten gewässert. Wichtig ist, dass die untersten beiden Basisknospen mit Erde überdeckt sind, denn aus ihnen erfolgt der Neuaustrieb. Verpflanzte Ruten werden auf 25 Zentimeter über dem Boden zurückgeschnitten.

Pflanzen mit Torfballen müssen nicht zurück geschnitten werden, wenn sie vor Ende September gepflanzt worden sind. Nach dem Setzen gut mit Wasser angießen.

Standort und Boden
Himbeeren gedeihen an einem windgeschützten, sonnigen oder halbschattigen Standort. Sie befruchten sich selbst. Für die Bestäubung ist es jedoch sicherer, eine andere Himbeersorte in die Nähe zu pflanzen. Das fördert auch die Fruchtbildung. Die Himbeere will einen guten, tiefgründigen und feuchten Boden, verträgt jedoch keine Staunässe. Am besten schüttet man einen Wall von bis zu 50 Zentimeter um die Pflanze auf.

Pflege
Himbeeren brauchen sehr viel Nahrung. Man bedeckt den Boden mit Mist, Gras oder Kompost in der Zeit vom Spätherbst bis Ende Juni. Von Juli bis in den Spätherbst wird jedoch nicht gedüngt, weil sonst die Frosthärte herabgesetzt wird. Zwischen den Reihen darf auf keinen Fall tief gehackt werden. Kurz vor der Ernte dürfen die Himbeeren nicht unter Wassermangel leiden.

Die jungen Triebe werden im Frühjahr auf acht bis zehn gesunde und unverletzte Ruten ausgedünnt. Die überzähligen Triebe muss man möglichst tief abschneiden. Himbeeren brauchen ein Rankgerüst. Man kann die Spitze auch herunter binden und erhält dann eine besonders reiche Ernte. Nach der Ernte werden die abgetragenen Ruten weit unten abgeschnitten und entfernt.

Johannisbeeren (Ribes)

Ihr Name geht zurück auf Johannes, den Täufer, weil sie um den 24. Juni, den Johannistag, die ersten Früchte tragen.

Ein gesunder Johannisbeerstrauch wird durchschnittlich 15 Jahre alt. In dieser Zeit bringt er 55 kg Beeren, 60 kg Holz und 15 kg Laub hervor.

Die Johannisbeeren haben von allen Beeren den höchsten Fruchtsäuregehalt. Der Vitamin-C-Gehalt ist bei allen Johannisbeeren hoch, doch besonders bei den schwarzen. Sie enthalten dreimal mehr Vitamin C als eine Zitrone.

Weiterhin gelten die Beeren als entzündungshemmend, nervenberuhigend und stimmungsverbessernd.

Die Farbstoffe in den schwarzen und roten Johannisbeeren (Carotinoide und Anthocyane) wirken als Radikalfänger und schützen den Körper vor Herz-Kreislauf-Erkrankungen und Krebs.

Sorten
Es gibt viele verschiedene Sorten, die sich vor allem in den Farben unterscheiden: rot, rosa, gelblich, grünlich weiß und schwarz.

Nachbarn
Maiglöckchen zwischen den Sträuchern machen gesund und ertragreich, Brennnesseln steigern den Ertrag und Schafgarbe fördert die Fruchtbarkeit.

Standort und Boden
Johannisbeersträucher gedeihen auf nahezu allen Böden, die nicht zu Staunässe neigen und einigermaßen windgeschützt sind. Sie bevorzugen einen sonnigen bis halbschattigen Standort. Johannisbeeren sind zwar winterhart. Da sie jedoch früh blühen, können Spätfröste die Blüten vernichten.

Pflege
Nach der Ernte lichtet man die Sträucher stark aus. Man lässt sechs bis zehn kräftige Jungtriebe stehen. Alle anderen Austriebe schneidet man direkt über dem Boden ab.

Vermehren
Das Schnittgut kann man zum Anziehen neuer Sträucher verwenden. Man verwendet aber nur solche, die dieses Jahr neu gewachsen sind und solche, die besonders kräftig sind. Die Stecklinge sollten ungefähr 15 Zentimeter lang sein und sechs Augen haben.

Man entfernt die Blätter und die weiche Triebspitze etwa einen halben Zentimeter über dem nächsten Auge. Dabei sollte der Schnitt über dem obersten Auge schräg, über dem untersten Auge gerade ausgeführt werden. Dann steckt man den Steckling mit der geraden Schnittkante nach unten zu gut zwei Dritteln in gute, leichte sandige Erde. Gut anwässern und feucht halten.

Ernten
Johannisbeeren sind sehr empfindlich. Nach der Reife dürfen die Beeren nicht mehr zu lange an den Sträuchern hängen, sonst platzen die saftigen Früchte auf. Johannisbeeren lassen sich gut einfrieren. Dazu werden sie vorher gewaschen und mit einer Gabel vorsichtig von der Rispe gezupft.

Beeren

Schwarzer Holunder (Sambucus)

Holundersaft ist ein altes Hausmittel gegen Erkältung.

Standort und Boden
Der Holunder ist anspruchslos. Er eignet sich auch gut als Beschattungsbaum vor dem Komposthaufen und ist eine wichtige Nährpflanze für Bienen, Hummeln, Schmetterlinge und Vögel. Er ist auch eine natürliche Abwehr gegen Wühlmäuse und Maulwürfe.

Blüte
Der Holunderbusch blüht im Mai/Juni. Aus den Blüten stellt man den erfrischenden Holunderblütensaft her.

Beerenernte
Im Spätsommer bis in den Herbst reifen die Blüten zu schwarzen Beeren heran. Sie sind der Rohstoff für Holundersaft gegen Erkältung.

Achtung! Die Beeren darf man erst ernten, wenn sie ganz reif sind. Sie dürfen innen nicht mehr grün sein, denn unreife Beeren sind giftig. Auch rohe Beeren sind giftig. Das Gift wird aber durch das Kochen nach 20 Minuten zerstört.

Vermehren
Ein Holundertrieb lässt sich im März verpflanzen. Die Pflanze ist schnell wachsend (bis zu 10 Meter) und vermehrt sich gut selbst.

Wenn ich einen **grünen** Zweig im

Herzen trage, wird sich ein **Singvogel**

darauf **niederlassen.**

Chinesisches Sprichwort

Kräuter

In der Pflanzenheilkunde gilt der Leitspruch: „Ähnliches mit ähnlichem kurieren". Vom äußeren Erscheinungsbild oder vom Wesen einer Pflanze schließt man auf ihre Heilwirkung.

Die gelben Blüten des Johanniskrauts haben viele feine Pollenfäden, die wie Sonnenstrahlen aussehen, und sie öffnen sich genau dann im Jahr, wenn die Sonne am höchsten steht, wenn sie die meiste Kraft entfaltet. Tatsächlich kann das Johanniskraut die Sonnenenergie konservieren, und so hilft eine Kur mit Johanniskrauttee gegen die Winterdepression.

Die Heilwirkung von Kräutern erkannten die Menschen schon sehr früh überall auf der Welt. „Der Garten ist die Apotheke des armen Mannes", heißt eine unserer Redensarten. Ein indisches Sprichwort sagt: „In den Kräutern ist die ganze Kraft der Welt. Derjenige, der ihre geheime Kraft kennt, ist allmächtig."

Früher glaubte man auch daran, dass man seine Krankheiten und Leiden an Pflanzen abgeben kann. Besonders geeignet dafür waren Eichen, Linden, Weiden und Holunderbüsche.

Kräuter

Kräuterbüschel

Es ist eine althergebrachte Tradition, vor allem im süddeutschen Raum und in den katholischen Ländern, zum Fest Mariä Himmelfahrt am 15. August einen aus den Kräutern und Gartenblumen des Spätsommers gebundenen „Weihbusch" beim Festgottesdienst in der Kirche weihen zu lassen. Die ätherischen Öle in den Kräutern und Heilpflanzen erreichen im August ihre höchste Konzentration und damit auch ihren höchsten therapeutischen Nutzen. Der Kräuterbüschel wird nicht willkürlich zusammengebunden, sondern seine Zusammenstellung erfolgt nach bestimmten Regeln.

So variiert die Anzahl der verschiedenen Pflanzen je nach Region, aber die sieben (als die alte heilige Zahl) „Hauptkräuter" (Minze, Kamille, Johanniskraut, Salbei, Wermut, Spitzwegerich und Arnika) sollten nicht fehlen. Es können aber auch 9, 18, 77 oder gar 99 verschiedene Pflanzen in den Kräuterbüschel hinein gebunden werden. Den Mittelpunkt des Gebindes bildet eine Königskerze, die auch Muttergotteskerze oder Wetterkerze genannt wird. Blühende Gartenblumen gehören als schmückendes Beiwerk ebenfalls dazu. Der geweihte Kräuterbüschel wird zuhause getrocknet und auf dem Dachboden oder im Herrgottswinkel der Stube aufbewahrt. Er hilft gegen Blitz und Ungewitter. Auch krankem Vieh wird zur Genesung eine Prise zerriebener Kräuter unter das Futter gemischt.

Frauen und Kräuter

In Verbindung mit Heilpflanzen spricht man oft von Hexenkräutern. Das Wort Hexe kommt vom altnordischen Hagezusse, was mit „Zaunreiterin" oder „Das alte Weib in der Hecke" übersetzt werden kann. Hinter den Hecken, die man früher als Hag bezeichnete und die rund um eine Siedlung angelegt waren, sammelten Frauen Pflanzen oder bauten sie in einem Garten selbst an, denn sie wussten um ihre medizinischen Wirkungen. Leider hatten diese Kräuteranwendungen manchmal einen tödlichen Ausgang. Dies war einer der vielen Gründe, weshalb die Hexen im Mittelalter verfolgt wurden.

Kräuter zu ernten, ist ein sinnliches Vergnügen. Der Duft der Kamille ist so stark, dass die Finger noch Stunden nach dem Pflücken nach ihr riechen. Außerdem herrscht unter allen „Kräuterhexen" die einhellige Meinung, dass selbst gesammelte Kräuter mehr Wirkkraft haben als gekaufte. Wahrscheinlich hängt es damit zusammen, dass sich das Unterbewusstsein an den Sommertag erinnert, an dem man die Kräuter gesammelt hat. So heilt auch die positive Erinnerung an einen Tag in der Sonne.

Kräuter

Kräuter anbauen

Majoran, Pfefferminze, Rosmarin, Salbei, Thymian und Zitronenmelisse sind ausdauernde Pflanzen. Man kann sie auch aussäen oder über Stecklinge vermehren, aber das Einfachste ist, man kauft sie im Topf. Alle lieben einen Platz in voller Sonne.

Schnittlauch ist ebenfalls ausdauernd, will aber einen eher feuchten und halbschattigen Standort. Basilikum und Dill sind einjährig, Bohnenkraut und Petersilie sind zweijährig. Alle vier wollen eine sonnige Lage und lassen sich gut aussäen.

Viele Heilpflanzen wie Baldrian, Beinwell, Johanniskraut, Kamille, Königskerze, Ringelblume oder Schafgarbe fühlen sich, einmal angesiedelt, im Garten wohl und vermehren sich selbstständig oder sind ausdauernd.

Kräuter ernten

Kräuter sammelt man an einem sonnigen Tag in den späten Morgen- oder frühen Abendstunden, denn die Sonne lädt die Pflanzen mit Energie auf und steigert die Produktion von ätherischen Ölen. Auch der Mond hat Einfluss auf die Heilwirkung der Kräuter. Man sammelt die Kräuter bei zunehmendem Mond. Die größte Wirkkraft haben die Kräuter kurz vor oder während der Blüte. Einen Tag vor der Ernte werden die Pflanzen mit der Gießkanne sorgfältig gewaschen. Die geernteten Kräuter sollte man sofort verarbeiten.

Kräuter einfrieren

Die meisten Kräuter kann man problemlos einfrieren. Tipp: In einer Eiswürfelschale werden die Kräuter schockgefrostet. Dann kommen die Würfel in einen Beutel. So hat man jederzeit praktische Portionen.

Kräuter trocknen

Nach der Ernte bindet man die Triebe der Kräuter zu einem Strauß und hängt ihn an einen warmen, dunklen, aber luftigen Platz.

Wenn man keinen dunklen Aufenthaltsort hat, kann man die Kräuter auch im Backofen trocknen: auf einem Backblech und bei 50 Grad. Die Tür des Backofens bleibt einen Spalt offen.

Wichtig: Alle getrockneten Kräuter sollten grün bleiben. Graue oder braune Trockenkräuter wurden zu heiß oder zu lange getrocknet und haben dadurch einen Großteil ihres Aromas verloren.

Kräuter sollten nicht älter als ein Jahr sein. Die Bestände müssen in luftdicht schließenden Gläsern an einem dunklen Ort aufbewahrt werden.

Dill-Essig

Zutaten

1 Bund Dill
1 l Weinessig
1/2 Teelöffel Salz

Zubereitung

Essig mit Salz und Dill erhitzen, aber nicht kochen. Abkühlen lassen und in eine Flasche füllen.

Dieser Essig passt gut zu Gurkensalat.

Estragon-Essig

Zutaten

200 ml Estragonblätter
50 ml Zitronenmelisse
6 Schalotten
4 Lorbeerblätter
6 Nelken
1 Prise grober, weißer Pfeffer
1 l heller Weinessig
4 Stängel Estragon

Zubereitung

Die Estragonblätter kurz waschen und abtrocknen. Zusammen mit den gehackten Schalotten und den restlichen Zutaten in einen Glaskrug geben. Man stellt ihn zwei Tage auf eine sonnige Fensterbank. Danach seiht man durch ein Tuch ab. Dabei die Gewürze gut auspressen. Die Flüssigkeit in eine Flasche füllen, je einen Stängel Estragon hinein geben und kühl lagern.

Dieser Essig passt besonders gut zu Tomatensalat.

Deutscher Safran

Wie Safran färben Ringelblumen das Essen schön gelb. Dazu die Blütenblätter abzupfen, trocknen und in ein Glas füllen. Dann in das Essen mischen.

Basilikumöl

Die Basilikumblätter waschen und abtrocknen, in eine kleine Flasche geben und mit Olivenöl bedecken. Mindestens zwei Wochen ziehen lassen.

Kräuter der Provence

Nach dem Trocknen verreibt man Rosmarin, Thymian, Salbei und Majoran zu gleichen Teilen leicht zwischen den Händen und füllt sie in ein Glas.

Salzkräuter

Kräutersalz ist eine altes Konservierungsmittel. Man hackt frische Kräuter und mischt sie zu gleichen Teilen mit Salz. Dann füllt man das Kräutersalz in Gläser und verkorkt sie. Estragonsalz passt zu Tomaten, Dillsalz gut zu Gurken, Majoransalz zu Lamm oder Schwein und Bohnenkrautsalz gut zu Bohnen oder Schafskäse.

Wenn man sehr jung ist und wenig weiß, sind Berge Berge, Wasser ist Wasser und Bäume sind Bäume. Hat man studiert und ist aufgeklärt, sind Berge nicht mehr Berge, Wasser ist nicht mehr Wasser und Bäume sind nicht länger Bäume. Hat man wirkliches Verständnis gewonnen, sind Berge wieder Berge, Wasser ist Wasser und Bäume sind Bäume.

Chinesisches Sprichwort

Hausmittel

Jede Familie hatte früher eine Hausapotheke. Darin waren Salben oder Kräutermischungen, deren Rezepte oft über Generationen hinweg weitergegeben wurden. Dieses alte Wissen geht heute mehr und mehr verloren, obwohl die Hausmittel bei einfachen Krankheiten gut wirken. Bevor Sie selbst diese Hausmittel anwenden, bitte ich Sie, sich behutsam diesem Thema anzunähern, denn manche Heilkräuter haben auch unerwünschte Nebenwirkungen. Johanniskraut macht die Haut sehr lichtempfindlich. Kamille darf nicht bei Allergien gegen Korbblütler verwandt werden. Grundsätzlich, vor allem aber bei unklaren Beschwerden, muss der Arzt zu Rate gezogen werden.

Einige Hausmittel meiner Großmutter

Mund- und Rachenraum
Spülungen mit Salbei helfen gegen Zahnfleischentzündungen. Ein Apfel kann notfalls auch mal die Zahnbürste ersetzen. Er wirkt gegen Kariesbakterien. Kühle Zitronenwickel helfen bei Entzündungen des Rachens.

Halsschmerzen
Drei Pellkartoffeln kochen und zerstoßen in ein Tuch einschlagen, das dann um den Hals gewickelt wird. Der Wickel hilft auch gegen Muskelverspannungen. Halsschmerzen werden ebenfalls gelindert durch das Gurgeln mit Salbei, Kamille oder Salzwasser.

Beginnende Erkältung
Hier hilft eine Zwiebelauflage auf den Fußsohlen.

Schnupfen
Kamillendampfbad

Husten
Zwiebelsirup hilft gegen Husten. Dazu wird eine ganze Zwiebel fein gehackt und mit drei Esslöffeln Zucker vermischt. Dann ein Viertel Liter Wasser dazugeben und einige Minuten kochen lassen. Diesen Ansatz presst man dann zu einem Saft oder Sirup aus. Bei Husten nimmt man drei- bis fünf-mal täglich einen Kaffeelöffel voll zu sich.

Fieber
Gegen Fieber helfen Wadenwickel, die mit Essig getränkt sind, denn Essig wirkt antiseptisch, entzündungshemmend und kühlend.

Warzen
Gegen Warzen hilft der weiße Saft aus den Löwenzahnstängeln. Man betupft die Warze mehrmals damit. Man kann auch eine frische Scheibe Knoblauch mit einem Pflaster befestigen. Erst nach einer Woche entfernen.

Nicht die Blumen oder Bäume, **nur** der Garten

ist **dein** Eigentum.

Chinesisches Sprichwort

Hausmittel-Rezepte

Baldriantee

Baldriantee hilft gegen innere Unruhe und nervös bedingte Einschlafstörungen.

Herstellung
Zwei Teelöffel der Wurzel mit einem halben Liter siedendem Wasser übergießen und zugedeckt zehn Minuten ziehen lassen. Den Tee immer frisch zubereiten. Nicht überdosieren. Drei Tassen täglich trinken.

Hier gilt, wie bei allen Heilpflanzen, die Regel, dass der Tee als Kur nicht länger als drei Wochen lang getrunken werden sollte.

Beinwellsalbe

Beinwell enthält den Wirkstoff Allantoin, der verletztes Gewebe wieder aufbaut und heilt. Die Salbe hilft bei Wunden, Sportverletzungen, Sehnenentzündungen, Gelenkbeschwerden, Blutergüssen und Prellungen. Unterstützend wirkt Beinwell auch bei Knochenbrüchen.

Herstellung

Man wäscht 500 Gramm Beinwellwurzeln und schneidet sie klein. Dann 500 Gramm Schweineschmalz in der Pfanne erhitzen, Beinwellwurzeln dazugeben und zu einem Brei verrühren. Es darf nicht kochen und man muss es ständig umrühren. Nach 20 Minuten nimmt man die Pfanne vom Herd und filtert die Masse durch ein Leinentuch in kleine Gläser. Die Gläser mit der Salbe müssen kühl aufbewahrt werden. So hält sie sich bis zu einem Jahr.

Brennnesseltee zur Entschlackung

Brennnessel reinigt das Blut. Sie wirkt blutbildend, entwässernd und entgiftend.

Herstellung

Ein Esslöffel frische Brennnesselblätter mit einer Tasse Wasser fünf Minuten kochen lassen, abseihen und heiß trinken.

Traditionell macht man im Frühjahr eine Brennnesselkur zur Entschlackung. Man trinkt drei Tassen täglich, aber nicht bei Wasseransammlungen in den Nieren oder Herzerkrankungen.

Hausmittel-Rezepte

Brennnesselhaarspülung

Die Brennnesselhaarspülung macht das Haar leicht kämmbar, geschmeidig und glänzend.

<u>Herstellung</u>
Eine Hand voll getrocknete Brennnessel aufkochen, abseihen und einen Esslöffel Obstessig dazugeben.

Nach der Haarwäsche ins feuchte Haar einmassieren, kurz einwirken lassen und dann wieder ausspülen.

Holunderblütenbad

Ein Holunderblütenbad ist sehr mild und macht die Haut schön weich.

<u>Herstellung</u>
50 bis 100 Gramm frische Blüten lässt man in 350 ml Milch vier Stunden lang ziehen, dann abseihen und den Sud ins Badewasser geben.

Im Winter nimmt man 50 Gramm getrocknete Holunderblüten, übergießt sie vorsichtig mit 350 ml heißem Wasser und lässt sie eine halbe Stunde zugedeckt ziehen. Die Blüten abseihen und mit 350 ml Milch ins Badewasser geben.

Holundersaft

Heißer Holunderbeerensaft ist ein altes Hausmittel bei Erkältungen.

Herstellung
1 Kilogramm Holunderbeeren mit 20 ml Wasser weich dünsten. Danach durch ein Mulltuch gießen und 100 Gramm Honig untermischen. Dann nochmal aufkochen. Man füllt den Saft in vorher heiß ausgespülte Flaschen, die man sofort verschließt. Die Flaschen werden sterilisiert, indem man sie in einen Topf stellt, der zu dreiviertel mit heißem Wasser gefüllt ist. Das Wasser 30 Minuten kochen lassen. Danach lässt man die Flaschen im Topf abkühlen.

Bei Erkältungen erhitzt man den Saft, ohne ihn nochmals aufzukochen. Vor der abendlichen Bettruhe trinkt man eine oder zwei Tassen.

Johanniskrautöl

Johanniskraut speichert die Sonnenenergie in seinem roten Farbstoff, den es dann an das Öl abgibt. Johanniskrautöl wirkt schmerzstillend, entzündungshemmend, durchblutungsfördernd und muskelentspannend. Es hilft bei Schürfwunden, Verbrennungen, Wunden und Prellungen.

Aber Achtung: Das Johanniskrautöl erhöht die Lichtempfindlichkeit der Haut. Man sollte es nicht vor dem Sonnenbaden benutzen, aber bei Sonnenbrand ist es eines der besten Behandlungsmittel.

Es kann auch als Badeöl verwandt werden.

Herstellung
Ein Glas wird locker mit Johanniskrautblüten gefüllt, mit Olivenöl übergossen und gut verschlossen an einen warmen, sonnigen Platz gestellt. Von Zeit zu Zeit muss man es schütteln. Nach kurzer Zeit färbt sich das Öl rot. Nach vier bis sechs Wochen werden die Blüten abgeseiht. Zur Lagerung wird das Öl in eine dunkle Flasche gefüllt und an einem kühlen Platz aufbewahrt. Seine Heilkraft behält es so zwei Jahre lang.

Es wird wie jedes andere Körperöl verwandt.

Hausmittel-Rezepte

Johanniskraut-Ölpackung fürs Gesicht

Diese Packung eignet sich für sensible, trockene und alternde Haut. Sie beruhigt, glättet und bewahrt deren Elastizität.

Herstellung
Zwei Esslöffel Johanniskrautöl werden Tropfen für Tropfen in ein Eigelb eingerührt. Zum Schluss kommt der Saft einer Zitrone dazu.

Die Packung wird mit einem weichen Pinsel auf das gereinigte Gesicht aufgetragen. Nach einer halben Stunde Einwirkzeit wird sie mit lauwarmem Wasser abgewaschen.

Kamillendampfbad

Die Kamille hat entzündungshemmende Eigenschaften. Kamillendampfbäder helfen bei Schnupfen und Hautunreinheiten.

Herstellung
Eine Schüssel mit zwei Liter kochendem Wasser füllen und eine Hand voll Kamillenblüten dazu geben. Die aufsteigenden Dämpfe mit einem Handtuch über dem Kopf einatmen.

Kräuterschlafkissen

Im Schlafkissen entfalten getrocknete Kräuter ihre beruhigende und entspannende Wirkung.

Zutaten
20 Gramm Zitronenmelisse
15 Gramm Lavendelblüten
15 Gramm Rosenblüten
15 Gramm Johanniskraut
20 Gramm Salbei
nach Belieben ätherische Öle

Herstellung
Die getrockneten Kräuter in eine Schüssel geben und gut mischen. Die Mischung in ein Kissen aus Baumwolle oder Seide füllen. Nach einem Jahr muss man die Füllung erneuern.

Löwenzahnhonig

Der Löwenzahnhonig ist ideal für eine Frühjahrs-Entschlackungskur geeignet.

Herstellung
Zwei gehäufte Tassen Löwenzahnblüten in einem Liter Wasser kurz aufkochen, dann 1500 Gramm Rohrzucker und eine in Scheiben geschnittene Orange und Zitrone dazugeben. Auf kleiner Flamme köcheln lassen, bis alles auf Honigdicke eingekocht ist. Dann in ein Glas füllen.

Vor jeder Mahlzeit sollte man ein bis zwei Löffel davon zu sich nehmen.

Hausmittel-Rezepte

Ringelblumenöl

Zur täglichen Pflege der Haut

Herstellung
Man füllt ein Glas mit Schraubverschluss locker mit frischen Ringelblumen-Blüten und übergießt sie mit gutem Olivenöl. Dann lässt man das Ganze zwei bis drei Wochen an einem warmen Ort ziehen. Blüten abseihen und das Öl in einer dunklen Flasche aufbewahren. Mit ätherischen Ölen kann man den Duft verbessern.

Wie jedes Körperöl verwenden.

Ringelblumensalbe

Die Ringelblumensalbe ist ein altes Hausmittel zur Heilung von Hautkrankheiten, Verletzungen, Fußpilz und Krampfadern.

Herstellung
Eine Handvoll Blüten in 100 bis 200 ml Olivenöl einige Minuten lang auf kleiner Flamme auskochen, dann das Öl abfiltern. Aber Achtung: Das Olivenöl darf nicht so heiß werden, dass die Blüten verbrennen oder das Öl zu rauchen und zu stinken beginnt.
20–40 Gramm gereinigtes Bienenwachs beigeben, das am besten schon vorher zum Schmelzen gebracht wurde. Das Öl gut mit dem Wachs verrühren. Die Salbe abkühlen lassen. Dann noch einmal gut durchrühren und abfüllen. Kühl gelagert ist die Salbe ein Jahr lang haltbar.

Die Salbe dünn auftragen.

Rosmarinbad

Ein Rosmarinbad wirkt gegen Stress und zu hohem Blutdruck.

Herstellung
Man gibt 100 Gramm Rosmarinblätter in drei Liter Wasser und lässt es aufkochen. Danach fünf Minuten ziehen lassen und abseihen. Dem Badewasser zugeben. Die Badetemperatur sollte dabei 34 bis 37 Grad nicht übersteigen.

Salbei

Die Inhaltsstoffe von Salbei wirken antibakteriell und entzündungshemmend. Gurgeln mit Salbei hilft gegen Halsschmerzen, Entzündungen im Rachenraum und auch gegen Zahnfleischentzündungen. Bei Fieber oder Grippe reguliert ein Tee aus Salbei die Schweißbildung. Je nach Aufgusszeit wirkt er dabei schweißtreibend oder -hemmend.

Herstellung
Auf einen halben Liter kochendes Wasser kommt eine Handvoll frische Blätter oder ein Esslöffel getrocknetes Kraut.

Gurgeln
Den Sud fünf Minuten ziehen lassen. Alle 30 Minuten gurgeln.

Schweißtreibend
Zwei Minuten ziehen lassen. Wirkt gegen Erkältungen und Fieber.

Schweißmindernd
Zehn Minuten ziehen lassen.

Tipps rund ums Gießen

Die beste Zeit zum Gießen ist der Morgen, denn abends verdunstet das Wasser viel schneller. Bei Pflanzen, die viel Wasser brauchen, z. B. Tomaten und Gurken, empfiehlt sich ein kleiner Trick. Man stellt neben die Pflanze einen leeren Blumentopf, in den man das Gießwasser schüttet. So sickert das Wasser ganz langsam und direkt zu den Wurzeln.

Besonders Kalk liebenden Pflanzen gibt man Eierschalen mit ins Gießwasser. Rosen lieben Kaffeesatz und schwarzer Tee ist gut für Farne.

Als Düngemittel und zur Bekämpfung von Schädlingen empfiehlt sich Brennnesseljauche.

Brennnesseljauche

Die Jauche stärkt und fördert das Wachstum von Gurken, Kohl, Tomaten und Zucchini, besonders wenn die Pflanzen gerade versetzt wurden. Sie wirkt auch gegen Blattläuse und den Kohlweißling.

Herstellung
Man füllt Brennnesseln locker in ein Gefäß, bis es drei Viertel voll ist und füllt es dann bis knapp unter den Rand mit Wasser auf. Das Gefäß sollte am besten in voller Sonne stehen. Außerdem sollte man beachten, dass die Jauche mit der Zeit etwas streng riecht. Nach ein bis zwei Tagen beginnt die Gärung. Nach 14 Tagen, bei kühlem Wetter etwas später, ist die Gärung abgeschlossen. Die Jauche muss man immer wieder mal umrühren. Wenn sie aufhört zu schäumen, ist sie fertig.

Konzentration zur wöchentlichen Stärkung der Pflanzen
Im Verhältnis von 1:50 verdünnt gießen.

Konzentration für Kopfdüngung von Setzlingen
Im Verhältnis von 1:20 verdünnt gießen.

Jauche gegen Blattläuse
Die Jauche nur 12, höchstens 36 Stunden ziehen lassen. Damit dreimal hintereinander unverdünnt spritzen.

Jauche gegen Kohlweißling
Zwei Handvoll Brennnesselblätter und eine Sprosse der Tomate in zwei Liter Wasser geben und zwei Stunden ziehen lassen. Dann unverdünnt zur Flugzeit des Kohlweißlings auf die Pflanzen sprühen.

Das Gras wächst nicht schneller,

indem man daran zieht.

Chinesisches Sprichwort

Alte Gemüsesorten

Als meine Oma ihren Garten noch bewirtschaftete, gab es keine bunten Samentütchen zu kaufen. Sie sammelte ihre Samen selbst oder bekam von der Nachbarin welche zugesteckt, wenn sie der Meinung war, dass die besonders robuste Pflanzen abgäben.

Meine Großmutter hätte es auch nicht für möglich gehalten, dass gleich ganze Pflanzen patentiert werden können, mit dem Ziel, dass eine Pflanzenvermehrung durch den Gärtner ein Fall für die Staatsanwaltschaft wird. Doch dies ist heute die Realität. Saatgut ist das Eigentum von Firmen. Die Pflanzen werden genetisch immer weiter verändert. Immer ertragreicher und noch resistenter gegen Schädlinge sollen sie werden.

Heute kauft man seine Samen oder Setzlinge im Gartenmarkt und bekommt Produkte, die nach den neuesten wissenschaftlichen Erkenntnissen optimiert sind. Früher wurden die Samen über Generationen hinweg weitergegeben. So passten sich die Pflanzen mit der Zeit optimal an die regionalen Bedingungen an. Sie wurden widerstandsfähig gegen Krankheiten, Frost, viel Regen oder Trockenheit. Mit dem Verschwinden von Großmutters Gärten sind 90 Prozent aller Nutzpflanzen in den letzten hundert Jahren verloren gegangen.

Für die Erhaltung und Verbreitung „alter Sorten" setzen sich überregional bereits seit vielen Jahren engagierte Vereine, Initiativen, private Samenarchive, kleinere Gärtnereien und Saatgutbetriebe ein.

Übrigens: Kaufen kann man die Samen nicht. Der Handel mit Saatgut alter Sorten ist verboten. Man darf sie nur von Hand zu Hand weiter reichen oder tauschen.

VERN, Verein zur Erhaltung und Rekultivierung von Nutzpflanzen in Brandenburg e. V.
www.vern.de

Der Verein zur Erhaltung der Nutzpflanzenvielfalt (VEN)
www.nutzpflanzenvielfalt.de

Arche Noah
http://www.arche-noah.at

Saatgut selbst vermehren

Für die Vermehrung besonders gut geeignet sind die einjährigen oder sich selbst befruchtenden Pflanzen wie Erbsen, Bohnen, Feldsalat, Tomaten, Salat und Kürbis und natürlich alle ein- und zweijährigen Blumen oder Kräuter. Achtung: Da sich Kürbisse leicht kreuzen, sollte man nur eine Sorte verwenden.

Bei zweijährigen Pflanzen braucht man schon etwas mehr Geduld. Kohl, Möhren, Zwiebeln, Sellerie oder Rote Beete sind zudem nicht frosthart und müssen in Sand eingeschlagen im Haus in Kisten überwintern, bis man sie im Frühjahr wieder auspflanzt.

Achtung: Die F1-Hybriden, die in der Regel im Handel angeboten werden, sind zur Vermehrung nicht geeignet, denn die Nachkommen bewahren die Eigenschaften der Eltern nicht.

Für alle gilt:
Nur richtig reife Fruchtstände auswählen. Sortenname und Herkunft notieren. Die Samen bleiben lange keimfähig, wenn sie luftdicht, trocken und kühl gelagert werden.

Bohnen und Erbsen
Man sammelt den Samen von den schönsten und stärksten Pflanzen. Bei Bohnen und Erbsen lässt man die reifen Hülsen an der Pflanze trocknen. Danach abnehmen und die Samen vorsichtig aus den Hülsen lösen. Dann legt man sie für vier Wochen ins Gefrierfach. In der Kälte sterben Insekten ab, die sich gerne in den Samen einnisten.

Gurken, Kürbis, Zucchini und Tomaten
Man löst die Samen aus dem Fruchtfleisch der reifen Früchte. Man hindert die frischen Samen an der weiteren Keimung, indem man sie für ein bis zwei Tage in einer Schale mit Wasser bei Zimmertemperatur gären lässt. Danach spülen und trocknen.

Dill, Ringelblume, Kamille, Fingerhut, Königskerze
Die Samen werden gelöst, indem man die reifen Blütenstände sanft zwischen den Händen reibt.

Als Gärtner muss man viele Verluste hinnehmen. Der alte Ginsterbusch, den man so gerne hatte, schlägt von einem Jahr auf das andere nicht mehr aus. Oder man bekommt nur zehn Kirschen ab, obwohl der ganze Baum voll hängt. Dafür bedanken sich die Vögel für das tolle Buffet. Oder man kommt nach einer Woche Abwesenheit und Regen zurück und die prächtigen Kohlköpfe sind bis zur Hälfte abgefressen, und zwar von Schnecken. Es ist unglaublich, dass ein so kleines Tier einen solchen Appetit entwickeln kann. Auf mich wirkt es eher, als hätte ein Raubtier den Stolz des Gemüsebeets mit einem Bissen vernichtet.

Was tun gegen Schnecken?

Wenn es um Schnecken geht, gerät jeder Gärtner einmal in Versuchung, alle seine Überzeugungen über Bord zu werfen. Wenn es ein sehr feuchtes Jahr ist, dann vermehren sie sich tausendfach. Nichts hilft mehr. Sie fressen alles kahl. Der einzig rettende Gedanke: Schneckenkorn.

Diese unscheinbaren Pillen trocknen die schleimigen Kreaturen aus. Der Feind stirbt einen qualvollen Tod. Doch leider vernichtet die Chemiekeule auch noch andere Tiere: den Igel und über die Nahrungskette auch Vögel. Also doch besser Finger weg davon, denn solange ich die Erträge aus unserem Garten nicht zum Überleben brauche, muss ich mit den Verlusten leben lernen. In guten Jahren, wenn das Klima uns nicht wochenlangen Regen beschert, helfen natürliche Maßnahmen ganz gut gegen Schnecken.

Bei allem Frust über die Fraßschäden, Schnecken sind nicht nur schlecht für den Garten. Sie fressen verwesende Pflanzenteile und helfen so mit bei der Humusbildung.

Und noch etwas Wichtiges: Die Weinbergschnecke interessiert sich nicht für die Leckereien aus dem Garten, frisst aber mit Vorliebe die Eigelege der Nacktschnecken!

Da Schnecken zu 85 Prozent aus Wasser bestehen und ihre Haut sie kaum vor Hitze und Sonnenlicht schützt, ist Trockenheit Gift für sie. Daher müssen sie sich tagsüber in feuchten Winkeln verstecken und werden erst nachts oder an regnerischen, trüben Tagen aktiv.

Noch etwas Interessantes über die Schnecke: Sie kann in einer Nacht bis zu acht Meter zurücklegen.

- Man muss die größte Schwäche der Schnecke ausnutzen: Das Gemüsebeet sollte an einem offenen, sonnigen Platz angelegt sein und alle Versteckmöglichkeiten, z. B. hohes Gras um das Beet, sollte man beseitigen. Man kann aber auch gezielt Versteckmöglichkeiten anlegen, z. B. ein Brett auf dem Boden. Dann muss man die Schnecken in kurzen Abständen darunter auflesen.

- Tagetes ist ausgesprochen attraktiv für Schnecken.

Damit können sie auch angelockt werden. Die Schnecke verabscheut dagegen Kapuzinerkresse und Fetthenne.

- Man sollte nicht zu stark mulchen. Den Boden lieber krümelig halten.
- Beim Gießen darauf achten, dass nur der Wurzelbereich Wasser bekommt, und nur alle zwei bis drei Tage gießen. Gegossen wird eher morgens als abends, damit in der Nacht keine feuchten Stellen bleiben.
- 5 Zentimeter dicke Schutzringe aus Sägemehl um das Gemüsebeet halten Schnecken durch ihre entfeuchtende Wirkung fern. Nach Regenfällen oder starker Taubildung müssen die Sperrstreifen aber erneuert werden.
- Bierfallen gelten als Klassiker der Schneckenbekämpfung, sind aber mit Vorsicht zu genießen. Das Bier kann leicht auch noch die Schnecken aus dem Nachbargarten anlocken.

Nützlinge fördern

Die beste Vorbeugung gegen Schädlinge ist ein Garten, der möglichst vielen Nützlingen einen Unterschlupf bietet. Alleine ein Spatzenpaar vernichtet pro Sommer einen ganzen Eimer voller Schädlinge. Maulwürfe lüften den Boden und vertilgen ebenfalls riesige Mengen von Insektenlarven. Igel, Spitzmäuse, Amseln, Kröten und Blindschleichen vertilgen die ungeliebten Nacktschnecken gerne. Auch Glühwürmchen und Hundertfüßler machen sich über ihre Eigelege her. Die Larven von Marienkäfern sind als hungrige Blattlausfresser bekannt. Damit sich viele Tiere im Garten wohl fühlen, sollte er nicht zu aufgeräumt sein. Trockenmauern, Holz-, Reisig- und Steinhaufen bieten Insekten und Kleintieren gute Unterkünfte. Schnittholz von Hecken, Sträuchern und gefällten Bäumen kann man in einer Ecke des Gartens aufschichten. Dort leben neben Igeln auch Erdkröten und Amphibien sowie verschiedene Insekten. Auch Marienkäfer nehmen diese Holzhaufen gerne als Lebensraum an.

Genug ist besser als zuviel.

Redensart

Ernten und Lagern

Frische Erbsen sind eine köstliche Delikatesse, die man aber in keinem Gourmettempel findet, denn der Zuckergehalt der Erbsen verfällt sofort nach dem Pflücken. Je frischer man sie verarbeitet, desto besser. Das ist ganz allgemein eine goldene Regel. Außerdem ist es wichtig, den richtigen Zeitpunkt zu erwischen. Erntet man zu früh, fehlt es an Aroma, wartet man zu lange, schmecken sie überreif oder vertrocknet. Übrigens: Wenn man früh morgens bei trockenem Wetter erntet, dann ist das Gewebe von Obst und Gemüse richtig prall gefüllt.

Tipps zur Ernte

- Immer wieder ernten. Je mehr Erbsen und Bohnen geerntet werden, desto mehr neue Blüten bildet die Pflanze. Salat- und Einlegegurken sollten alle zwei bis drei Tage gepflückt werden, damit genügend neue Früchte nachreifen können.

- Immer mit Stiel ernten, sonst können durch die Wunde Bakterien in die Frucht eindringen. Einige Tage Liegezeit im Gras bei trockenem Wetter kann das Aroma von

Obst noch etwas verbessern.

- Wenn man einlagern möchte, sollte man nur gesunde und unbeschädigte Früchte verwenden, aber immer auch die faulen und verschrumpelten abernten. Wenn sie am Baum bleiben, können Pilzkrankheiten entstehen.

- Vorsichtig ernten. Am besten Handschuhe tragen, damit die Früchte nicht durch Fingernägel verletzt werden.

- Empfindliche Gemüse wie Kürbis, Zucchini, Gurken und Paprika sollten vor dem ersten Frost geerntet werden, denn ihr Geschmack leidet bei tieferen Temperaturen.

- Kohlsorten wie Grünkohl und Rosenkohl entwickeln erst nach dem Frost das volle Aroma. Deshalb sollte man mit der Ernte bis nach dem ersten Frost warten. Bei Frosteinbruch vor der Apfelernte dürfen die Früchte im gefrorenem Zustand nicht angefasst werden. Geringer Frost jedoch schadet kaum.

Lagern

Nicht nur Kräuter, auch Gemüse und Obst kann man konservieren. Einige Gemüsesorten kann man durch Einfrieren haltbar machen, andere sollte man lieber einkochen. Gutes Lagergemüse sind Karotten, Kartoffeln, Bohnen und Zwiebeln. Bei der Lagerung ganz wichtig: Obst und Gemüse nie zusammen lagern.

Lagerung im Keller

Traditionell werden Kartoffeln, Äpfel und Birnen in Stellagen im Keller gelagert. Er sollte jedoch dunkel und etwas feucht sein und nie wärmer als sieben Grad werden. Die Lüftung erfolgt im Idealfall über einen Schacht. Zugluft sollte es aber nicht geben, weil sie austrocknet. Ist der Keller nicht feucht genug, kann man einen Eimer voll Wasser in den Raum stellen.

Ernten und Lagern

Einmieten in Holzkisten

Wer keinen Keller hat, kann kleinere Mengen Gemüse oder Obst in Holzkisten lagern: Die Holzkisten werden mit Hasendraht ausschlagen, damit sie sicher vor Mäusen sind. In kalten Gegenden kann man sie auch mit Styropor auskleiden. Dann werden sie ebenerdig im Garten eingegraben. Man legt einen Deckel auf und bedeckt sie mit Stroh. Der Vorteil dieser Lagerungsart ist, dass die Feuchtigkeit im Boden das Gemüse frisch hält. Bis in den Winter hinein kann das Obst oder Gemüse so in guter Qualität gelagert werden.

Wichtig ist, dass nur einwandfreies, am besten ungewaschenes Gemüse in die Kiste kommt. Kartoffeln, Kohlköpfe oder Petersilienwurzeln lagern perfekt mit etwas Sand oder Torf. Ein Tipp: Wenn man zwischen die Kartoffeln Pfefferminze legt, verzögert das die Keimung.

Für Rote Beete, Möhren, Herbstrüben oder Winterrettiche sollte man Sand in die Kisten füllen. Diesem Gemüse sollte man vorher das Grünzeug entfernen. Man muss das gelagerte Gemüse regelmäßig auf faule Stellen kontrollieren. Die angefaulten Stücke entnehmen, damit sie die Nachbarn nicht anstecken.

Einmieten im Frühbeet

Wer ein Frühbeet hat, kann es mit einer zehn Zentimeter dicken Sandschicht auffüllen. In Schichten lagert man das Gemüse und bedeckt es mit Erde. Auf die letzte Lage füllt man wieder zehn Zentimeter Sand. Mit Stroh oder Laub auf dem Glas schützt man das Frühbeet vor Frost.

Lagern von Kürbissen

Kürbisse können mehrere Wochen bis Monate gelagert werden. Die Vorbereitung für eine gute Haltbarkeit beginnt auf dem Beet: Die Schale härtet um so mehr, je länger die Früchte an der Pflanze ausreifen. Bei feuchtem Wetter bettet man sie auf Stroh oder Holzbrettchen. Erst wenn Frost angesagt ist, erntet man sie mit einem etwa zehn Zentimeter langen Stiel. Die ersten zwei Wochen nach der Ernte lässt man die Schale bei 24 bis 30 Grad weiter aushärten. Danach lagert man die Kürbisse bei 10 bis 13 Grad. Sehr wichtig: Man darf die Kürbisse nicht waschen, denn in der Schale ist ein natürliches Konservierungsmittel.

Tomaten reifen nach

Tomaten sind sehr kälteempfindlich. Wenn die ersten frostigen Nächte kommen, sollte man, bevor die Tomaten aufplatzen, den ganzen Strauch abernten und an einem hellen, nicht zu kalten Platz im Haus aufhängen. Tomaten sollten auf keinen Fall neben unreifem Gemüse oder Obst lagern, denn sie geben Ethylen ab, ein Gas, das die Reife beschleunigt. Noch ein Trick: Wenn man im Winter in den Geschäften nur unreife Tomaten bekommt, kann man sie zu Hause zusammen mit einem Apfel in einer Papiertüte nachreifen lassen. Der Apfel gibt nämlich ebenfalls Ethylengas ab, das die Tomaten reifen lässt.

Ernten und Lagern

Einfrieren

Gemüse, das man einfrieren möchte, sollte man vorher blanchieren. Dazu gibt man das Gemüse für zwei bis vier Minuten in reichlich kochendes Wasser. Danach schreckt man es mit eiskaltem Wasser ab. Dabei werden Enzyme abgetötet, die für Qualitätsverluste während und nach dem Einfrieren verantwortlich sind.

Blanchiertes Gemüse kann bis zu einem Jahr in der Tiefkühltruhe gelagert werden. Alles, was nicht blanchiert ist, sollte spätestens nach einem halben Jahr verbraucht werden.

Zum Auftauen muss das Gemüse grundsätzlich gefroren gekocht oder gedünstet werden, da sonst die Vitamine und Mineralstoffe verloren gehen.

Damit Obst beim Einfrieren nicht braun wird und das Vitamin C behält, löst man 100 bis 200 Gramm Zucker in einem Liter Wasser auf und kocht darin das Obst eine Minute lang. Dann den Saft einer Zitrone dazu geben und abkühlen lassen. Eingefrorenes Obst enthält aber nach dem Auftauen mehr Saft als frische Früchte. Dies sollte man bei der Zubereitung von Kuchen berücksichtigen. Obst für Kompott gibt man gefroren in einen Topf und lässt es aufkochen.

Übrigens: Einfrieren sollten man nur in Tiefkühl-Schränken oder Truhen. Das Dreisterne-Frostfach von Kühlschränken ist zum Einfrieren nicht geeignet. Es ist nicht kalt genug. Und noch ein Tipp: Flache Pakete frieren rascher durch und lassen sich leichter stapeln.

Was darf in den Kühlschrank?

Nicht für die Lagerung im Kühlschrank geeignet sind Tomaten, Kartoffeln, Grüne Bohnen, Gurken, Bananen, Zucchini, Kürbis, Wassermelonen und Zitrusfrüchte. Unempfindlich gegen Kälte sind dagegen die verschiedenen Kohlsorten, Erbsen, Rote Rüben, Zwiebeln, Karotten, Sellerie und Äpfel.

Es wächst **mehr** im Garten als

man **gesät** hat.

Redensart

Einmachen

Obst und Gemüse einmachen, ist ein Klassiker beim haltbar machen. Es gibt viele Varianten von Marmeladen oder Konfitüren. Man kann ruhig erfinderisch werden. Die so verarbeitete Ernte ist über zwei Jahre hinweg sehr gut zum Verzehr geeignet.

Die Grundregeln

- Das Wichtigste ist peinlichste Sauberkeit. Gläser und Deckel dürfen keine noch so kleine Schadstelle haben und müssen vor dem Füllen mit heißem Wasser und Spülmittel gesäubert werden. Auch die Einkochringe werden mit Spülmittel gereinigt und bis zur Verwendung in kaltes Wasser gelegt. Man muss sie auf Risse oder Brüche prüfen.

- Zum Einmachen verwendet man nur das beste Obst und Gemüse. Es wird vorher gut gesäubert.

- Einkochgut nur bis maximal zwei Zentimeter unter den Glasrand einfüllen. Nach dem Einfüllen wischt man den Glasrand sauber ab, legt den Gummiring und den Deckel auf und verschließt das Ganze mit dem Drahtbügel.

- Einkochgläser auf die Drahteinlage im Topf stellen. Die Gläser sollten sich weder gegenseitig noch die Topfwand berühren und mindestens zu drei Vierteln mit Wasser bedeckt sein. Die Temperatur des Wasserbades muss bei Beginn des Einkochens immer der Temperatur des Gläserinhalts entsprechen. Die Einkochzeit beginnt, wenn das Thermometer die im jeweiligen Rezept vorgeschriebene Temperatur anzeigt.

- Sofort nach Ende der Einkochzeit die Gläser aus dem Wasser, nehmen und abkühlen lassen. Nicht kalt abschrecken!

- Damit die Gläser beim Einfüllen des heißen Einmachguts nicht springen, stellt man sie auf ein nasses Tuch.

- Nach dem Erkalten beschriften: Einkochdatum und Inhalt. Der Lagerraum sollte kühl, aber frostfrei und ohne direkte Sonneneinstrahlung sein.

- Man öffnet die Gläser durch vorsichtigen Zug an der Gummilasche. Wenn diese abreißt, setzt man den Bügel wieder auf und stellt das Glas umgekehrt einige Minuten in heißes Wasser.

Senfgurken

Zutaten
1 Kilo fingerlange Gurken
3 Zwiebeln
2 Bund Dill
250 ml Weinessig
400 Gramm mittelscharfer Senf
100 Gramm Zucker
1 Teelöffel Schwarzer Pfeffer

Zubereitung
Die Gurken waschen und entstielen. Zwiebeln würfeln und Dill grob hacken. Die restlichen Zutaten mit Zwiebeln und Dill langsam erhitzen, aufkochen und die Gurken dazugeben. Heiß in Gläser füllen und sofort verschließen.

Johannisbeermarmelade

Zutaten
1 Kilo rote Johannisbeeren
400–500 g Gelierzucker
1/2 Zitrone

Zubereitung
Die Früchte in einer mit kaltem Wasser gefüllten Schüssel waschen, danach in einem Küchensieb abtropfen lassen. Die Früchte mit dem Zucker und dem Zitronensaft in den Kochtopf geben. Die Masse mit dem Stampfer ein wenig bearbeiten und danach 30 Minuten ziehen lassen. Dann auf den Herd stellen und zügig aufkochen lassen. Den dabei aufsteigenden Schaum mehrmals mit einer Kelle abschöpfen. Nach 3 bis 4 Minuten beginnt die Marmelade anzudicken. Dann macht man den Geliertest. Dazu gibt man ein wenig Gelee auf eine Untertasse. Stellt man sie schräg, sollte das Gelee wie zähflüssige Lava nach unten laufen. Ist dies der Fall, nimmt man den Topf vom Feuer und füllt die Marmelade heiß in die vorbereiteten Gläser. Die Gläser verschließen und für ca. 30 Minuten auf einem Küchentuch auf den Kopf stellen.

Holunderblütensirup

Zutaten
1,5 Kilo Zucker
1 1/2 Liter Wasser
50 Gramm Zitronensäure
2 Bio-Zitronen
25 Holunderblütendolden

Zubereitung
Zucker in einen Topf geben, Wasser hinzufügen, aufkochen und abkühlen lassen. Dann die Zitronensäure hinzufügen. Die Zitronen aufschneiden und ebenfalls dazu geben. Die Holunderblüten waschen, trocken schütteln, von den Stielen zupfen und in ein großes Glas oder eine Schüssel füllen. Den Zuckersirup darüber gießen und zugedeckt drei Tage ziehen lassen, aber ab und zu umrühren. Danach ein Mulltuch über einen Topf legen und die Flüssigkeit hindurch gießen, in eine Flasche füllen, die vorher mit heißem Wasser ausgespült wurde. Kühl gelagert hält sich der Sirup für längere Zeit.

Mit stillem oder kohlesäurehaltigem Mineralwasser oder Sekt verdünnt, ist der Holunderblütensirup ein sehr erfrischendes Sommergetränk.

Eingemachter Rhabarber

Zutaten
500 Gramm Rhabarber
100 Gramm Zucker

Zubereitung
Den Rhabarber waschen, schälen, in drei Zentimeter lange Stücke schneiden und mit dem Zucker vermischt in Gläser füllen. Drei bis vier Stunden ziehen lassen, dann verschließen und 30 Minuten bei 80 Grad einkochen.

Das säuerliche Obst ist vor allem im Sommer sehr erfrischend, außerdem ergibt es zusammen mit Bananen einen vorzüglichen Kuchenbelag.

Einmachrezepte

Tomatenzucchini

Zutaten
Zucchini
Tomatensauce
Korianderkörner
Pfefferkörner

Zubereitung
Die Zucchini waschen, in fingerdicke Scheiben schneiden und kurz blanchieren. Dann gemischt mit Koriander und Pfeffer in die Gläser füllen und bis zur Hälfte mit heißer Tomatensauce aufgießen, wie üblich verschließen und 30 Minuten einkochen.

Man kann es warm zu Nudeln essen oder als kalte Vorspeise mit etwas Öl, Zitronensaft und Thymian servieren.

Pesto

Zutaten
200 ml frische Basilikumblätter
2 Knoblauchzehen
1 Prise Salz
1 Teelöffel Pinienkerne
6 Teelöffel geriebener Parmesan
200 ml Olivenöl

Zubereitung
In einem Mörser das gehackte Basilikum, den geschälten Knoblauch, Salz und Pinienkerne zerreiben, bis eine Paste entsteht. Man kann es auch im Mixer pürieren. Dann erst den Käse und das Öl einrühren, bis sich alle Bestandteile gut verteilt haben. In kleine Gläser füllen und eine Schicht Öl auf die Oberfläche gießen. Diese muss man nach jeder Entnahme erneuern.

Kürbis süß-sauer

Zutaten

2 Kilo Kürbisfleisch
500 ml Weinessig
500 ml Wasser
1,5 Kilo Zucker
1–2 Gewürznelken
1 Zimtstange
Zitronensaft
Zitronenschale

Zubereitung

Wasser und Essig aufkochen, klein gewürfeltes Kürbisfleisch zugeben und 12 bis 24 Stunden ziehen lassen. Den Kürbis aus dem Sud nehmen und diesen mit Zucker und den Gewürzen kurz aufkochen lassen. Anschließend die Kürbiswürfel wieder zugeben und solange kochen lassen, bis der Kürbis glasig wird. Das Ganze dann in Gläser füllen.

Selbst hergestelltes Sauerkraut

Selbst hergestelltes Sauerkraut war früher ein Hauptbestandteil der Speisekarte. Der Kohl wurde auf vielen Bauernhöfen in großen Trögen mit speziellen Holzschuhen oder sogar mit den nackten Füßen gestampft.

Für Sauerkraut nimmt man den späten Weißkohl, denn er hat schöne feste Köpfe. Man entfernt die äußeren Blätter, viertelt die Köpfe und schneidet den Strunk keilförmig aus. Dann wird der Kohl fein gehobelt. Man vermischt ihn mit Salz. Zuviel Salz ist dabei überhaupt kein Problem, zuwenig schon, denn das Salz konserviert den Kohl. Hat man zuviel Salz erwischt, muss man das Sauerkraut vor dem Gebrauch einfach intensiver waschen. Pro Kilogramm Weißkohl nimmt man also mindestens 13 Gramm Salz und eine Prise Zucker. Wer möchte, kann je nach Geschmack noch Wacholderbeeren, Kümmel und Nelken sowie saure Apfelstücke hinzugeben. Den sich bildenden Saft darf man auf keinen Fall entfernen.

Zum Schluss kommt auf das Fass ein unbehandeltes Eichen- oder Buchenbrett. Es muss ein harzfreies Hartholz sein, das etwas kleiner geschnitten ist als der Innendurchmesser des Fasses. Das Brett wird mit einem sauberen Leinentuch umwickelt. Darauf stellt man einen vorher gründlich gereinigten Stein.

Das Fass stellt man in einem frostfeien, nicht zu warmen Keller. Nach kurzer Zeit setzt die Milchsäuregärung ein. Der Saft schließt das Sauerkraut gegen die Außenluft und damit gegen unerwünschte Keime ab. Deshalb muss das Sauerkraut durch den Druck des Steines immer unter dem Flüssigkeitsspiegel gehalten werden. Während der zweiwöchigen Gärungszeit kann man je nach Geschmack ab und zu einen Schuss Weißwein hinzugeben.

Wichtig: Tuch, Stein und Brett müssen wöchentlich gereinigt werden!

Selbst hergestelltes Sauerkraut–Singleversion

Wenn man aus „Geruchsgründen" die Fassmethode im Keller nicht anwenden kann oder wenn man nur eine kleine Menge Sauerkraut braucht, nimmt man anstelle des Fasses ein Einmachglas. Darin stampft man den mit Salz vermischten Weißkohl bis das Glas zu drei Viertel gefüllt ist. Wie beim Einmachen verschließt man das Glas mit Gummiring und Deckel und stellt es anschließend an einen kühlen Ort. Nach etwa drei Wochen ist es fertig.

Gründünger

Man versteht unter dem Begriff Gründüngung den Anbau von Pflanzen zum späteren Einarbeiten in den Boden.

Man sollte den Boden nie offen liegen lassen, sonst wird er vom Unkraut überwuchert oder der Boden trocknet durch Wind und Sonne aus und der spätere Regen wäscht dann die Nährstoffe heraus.

Im Juli, wenn die ersten Gemüsebeete abgeerntet sind, pflanzt man die klassischen Gründüngungspflanzen wie Bienenfreund, Bitterlupine, Erdklee, Flachs, Senf, Hafer, Sommerrettich, Sommerwicke oder Erbsen.

Auch im Herbst kann man noch einmal Gründünger aussäen, der die Beete dann im Winter schützt. Hierfür eignen sich insbesondere Klee, Luzerne, Winterraps oder Winterwicke.

Zwei verschiedene Pflanzenkategorien stehen zur Wahl:

- Die Schmetterlingsblütler, zu denen Lupinen zählen, leben mit den Bodenbakterien in einer Gemeinschaft. Diese Bakterien sind in der Lage, Luftstickstoff in ihre Zellsubstanz einzubauen und sorgen damit für einen höheren Stickstoffgehalt im Boden, der über Regen nicht so leicht ausgewaschen werden kann.

- Die Nicht-Schmetterlingsblütler, zu denen Senf zählt, wachsen sehr schnell und bedecken so rasch die abgeernteten Beete. Die tiefgehenden Wurzeln, die bis zu 1,5 Meter in den Boden dringen, lockern den Boden und erleichtern die frühjährliche Bodenbearbeitung. Bei Beeten, in denen in den nächsten zwei bis drei Jahren Kohl angebaut wird, sollte kein Senf verwandt werden.

Mulchen

Eine französische Bauernweisheit sagt: „Der liebe Gott weiß, wie man fruchtbare Erde macht und er hat sein Geheimnis den Regenwürmern anvertraut." Regenwürmer fressen Pflanzenreste und ihr Kot enthält fünfmal mehr Stickstoff, siebenmal mehr Phosphat und elfmal mehr Kalium als die normale umgebende Acker- oder Gartenerde. Um dem Regenwurm genügend Nahrung zu bieten, empfiehlt es sich, die Beete zu mulchen. Damit ist gemeint, dass der Boden mit organischem Material bedeckt wird.

Das eignet sich zum Mulchen:

- Gemüseabfälle, Kohl, Rhabarber, Salat, Blumen. Die sticksoffhaltige Brennnessel hat eine besonders gute Düngewirkung.

- Gründünger Pflanzen, im Herbst ausgesät, frieren im Winter zurück und bedecken den Boden. Die Stickstoff bindenden Knölchenbakterien in den Wurzeln verbessern den Boden.

- Rasenschnitt und klein gehäckselter Heckenschnitt oder grob angerotteter Kompost.

- Rainfarn und Farnkraut fördert die Bodengesundheit.

- Ausläufernde Unkräuter wie Quecke oder Giersch sollten nicht verwandt werden.

Vor der Aussaat sollte der Mulch entfernt werden, damit sich der Boden aufwärmen kann. Saatreihen und Pflanzensetzlinge dürfen nicht von Mulch bedeckt sein, da sonst die Keimung und das Anwachsen behindert werden. Haben sich kräftige Blätter ausgebildet, kann der umgebende Boden wieder mit Mulch abgedeckt werden. Die Mulchdecke sollte dabei immer sehr dünn aufgetragen werden. Je länger gemulcht wird, desto schneller zieht das Material ein.

Die Vorteile des Mulchens:

- Der Boden wird vor Austrocknung geschützt.

- Mulch aktiviert die Bodenlebewesen und die Regenwürmer. Der Boden wird so verbessert.

- Ist der Boden bedeckt, kommen weniger Unkräuter durch.

Kompost

Kompost ist das Gold des Gärtners und ein Heilmittel für kranke Böden. Er hat einen hohen Gehalt an Nährstoffen, insbesondere an Phosphor und Kalium und ist so ein hervorragendes Düngemittel und ein ausgezeichneter Bodenverbesserer. Außerdem hat Kompost eine relativ hohe Wasserspeicherkapazität, so dass Pflanzen mit ihm Trockenperioden besser überstehen. Mit eigenem Kompost gibt der Gärtner seinem Gartenboden das zurück, was ihm die Pflanzen entzogen haben. In der richtigen Mischung ersetzt der Kompost auch den Torf. So leistet jeder Gärtner seinen eigenen Beitrag gegen den Abbau der Moore.

Für den Kompost ist es am besten, wenn möglichst unterschiedliche Abfallstoffe zusammen verrotten: Gartenabfälle, Küchenabfälle, Fallobst, Papier, Rasenschnitt, Laub, aber auch Mist von Tieren. Kaffeesatz lockt Würmer an und wirkt sich besonders positiv auf den Kompostiervorgang aus. Löwenzahnblätter verbessern die Qualität des Komposts.

Gekochte Speisereste oder Süßes im Kompost bergen die Gefahr, Ratten oder Hunde anzulocken. Wenn man sie verwendet, muss man sie gut mit Erde bedecken.

Wenn man genug Platz hat, sollte man drei Komposthaufen anlegen. Einen für frisches Material, einen zweiten Haufen, aus dem fertiges Material entnommen wird und einen, der in Bearbeitung ist.

Der Kompost muss immer offenen Kontakt zum Boden haben, damit die Bodenorganismen und Würmer von unten hinein kommen können. Die unterste Lage sollte aus grobem und locker geschichtetem Material bestehen. So kommt genug Luft hinein. Sauerstoff ist für den Gärungsprozess sehr wichtig. Deshalb sollten auch die Seitenwände durchlässig sein.

Den Komposthaufen muss man von Zeit zu Zeit umsetzen. Auch dadurch kommt frischer Sauerstoff in das verrottende Material. Im Sommer kann man etwa zwei Monate nach dem Aufschichten den Haufen umwerfen. Da im Winter die Verrottung länger dauert, setzt man erst nach sechs Monaten um. Die groben, nur leicht angerotteten Teile werden auf den Haufen mit dem frischen Material geworfen.

Die Grundregeln fürs Kompostieren

- Für den Kompost geeignet sind vor allem ein- oder mehrjährige Pflanzen oder Blätter und klein geschnittene Zweige und Äste, Rasenschnitt, Gemüseabfälle, Eierschalen, zerkleinertes Papier und Kartonagen.

- Grasschnitt sollte man nur dünn einstreuen. Sonst kann er faulen.

- Zwiebelschalen, Schnittlauchreste, Kaffee- und Teesatz sind ideales Regenwurmfutter!

- Kompost braucht von unten und von der Seite Luft.

- Kompost sollte möglichst vor Sonne und starken Regengüssen geschützt sein.

- Am besten gleich eine größere Menge Kompost auf einmal ansetzen, dann erwärmt sich die Kompostmasse besser.

- In dünnen Schichten gibt man normale Gartenerde, Komposterde oder Mist dazwischen.

- Abfälle, die Tiere anlocken, muss man gut mit Erde abdecken.

- Den Kompost muss man feucht halten, denn Regenwürmer brauchen Feuchtigkeit. Man darf aber nicht zu sehr nässen.

- Phlox und Holunder sind gute Pflanzen am Komposthaufen, weil sie Regenwürmer fördern.

- Die Komposterde wird als lockere Schicht auf das Beet geworfen und nicht untergegraben.

Noch ein Tipp: Laub allein lässt sich schwer kompostieren, denn es ist trocken und enthält wenig Nährstoffe. Sehr gut passen Rasenschnitt und Laub zusammen. Deshalb kann man im Herbst einige Säcke Laub aufbewahren und es im Frühjahr mit dem ersten Rasenschnitt mischen. Das Laub der Buche verbessert den Kompost am meisten.

Noch eins zum Schluss.

Wenn Sie jetzt Sätze im Kopf haben, die mit aber beginnen ...

Aber mein Garten ist nur ganz klein ... aber ... aber ...

Wenn mein Freund meine Bilder ansieht, dann sagt er immer:

So schön sieht es bei uns doch überhaupt nicht aus.

Doch, so schön sieht es aus,

denn so sehe ich es mit meinem Herzen.

Von Herzen wünsche ich Ihnen viel Spaß in Ihrem Garten.

Das Ende ist der Anfang.

Inhaltsverzeichnis

Ich danke
meinen Großeltern und Eltern, Hannah und Leon,
Clemens Zylka, Bettina Witt und Marion Mallmann für die richtigen Worte zur richtigen Zeit,
Jürgen Becker, Ralf Joest und H.-E. Volk für die Leichtigkeit,
Roland Porada dafür, dass er meine Gedanken lesen kann.

Originalausgabe Becker Joest Volk Verlag

1. Auflage März 2007 (5.000)

ISBN 978-3-938100-21-9

Text und Fotos: Ilga Eger
Layout, Typografie, Satz, Bildbearbeitung: Werbeagentur 3 Juwelen, Leverkusen
Gedruckt in der Tschechischen Republik

Internet: www.Ein-Jahr-im-Garten.de

Hilden, den 23.01.2007